EinFach Spanisch
Unterrichtsmodell

Jordi Sierra i Fabra

La memoria de los seres perdidos

por Karl-Ernst Weinstock

Editora:
Hella Klink

Vorwort

 Einzelarbeit

 Partnerarbeit

 Gruppen-arbeit

 Unterrichts-gespräch

 Schreib-auftrag

 Audio-CD

 Hausaufgabe

 filmische Präsentation

 Projekt, offene Aufgabe

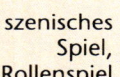 kreative Aufgabe

 szenisches Spiel, Rollenspiel

Das vorliegende Heft ist Teil der Reihe „EinFach Spanisch", die Lehrerinnen und Lehrern erprobte und an den Bedürfnissen der Schulpraxis orientierte Unterrichtsmodelle für die Sekundarstufe II zur Verfügung stellt. Sie zeichnen sich aus durch Benutzerfreundlichkeit und Überschaubarkeit und bieten – gerade auch im Hinblick auf die Anforderungen des Zentralabiturs – einen klaren Leitfaden für die Behandlung von Texten und Medien, einen schnellen Zugriff auf unterschiedliche Materialien und damit eine deutliche Erleichterung bei der Unterrichtsvorbereitung.

Die Modelle ermöglichen einen methodenreichen Unterricht: Handlungsorientierte und innovative Methoden werden ebenso berücksichtigt wie bewährte Verfahren der Texterschließung und Textbearbeitung oder Verfahren der Film-, Bild- und Textanalyse. Das Prinzip der *Módulos* (Bausteine) eröffnet dabei die Möglichkeit, Unterrichtsreihen individuell mit unterschiedlichen thematischen und methodischen Akzentuierungen je nach kursspezifischen Bedürfnissen zu konzipieren.

Das vorliegende Modell bezieht sich auf folgende Textausgabe:
Jordi Sierra i Fabra: *La memoria de los seres perdidos*, © 1998 Ediciones SM, Madrid
ISBN 978-84-348-6124-4

Sprachliche Betreuung: Gaspar Ochoa Ruiz

© 2009 Bildungshaus Schulbuchverlage
Westermann Schroedel Diesterweg Schöningh Winklers GmbH,
Georg-Westermann-Allee 66, 38104 Braunschweig
www.westermann.de

Druck A[3] / Jahr 2021
Alle Drucke der Serie A sind im Unterricht parallel verwendbar.

Umschlaggestaltung: Jennifer Kirchhof
Druck und Bindung: Westermann Druck GmbH, Georg-Westermann-Allee 66, 38104 Braunschweig

ISBN 978-3-14-**048202**-8

Acercamiento

Para comenzar:

Comenta la foto:
Describe a las personas.
Formula hipótesis sobre los problemas que tendrán estas personas.

Módulo 1: La familia de Estela (capítulos 1–10; pp. 9–59)   17

Módulo 2: Los desasosiegos de Estela (capítulos 11–19; pp. 63–116)   29

Die Personen

Estela	Protagonistin des Romans ist die 19-jährige Estela, die scheinbar ein glückliches Leben im Schoß ihrer Familie führt, bis sie sich mit der Tatsache auseinandersetzen muss, dass ihre Eltern sie zwangsadoptiert haben und ihre leiblichen Eltern von der Militärdiktatur ermordet wurden. Sie ist eine ernsthafte Persönlichkeit, emanzipiert, sozial sehr engagiert, die aus der Auseinandersetzung um ihre Herkunft gestärkt hervorgeht.
Alexandra	Die 16-jährige Schwester von Estela ist ebenfalls zwangsadoptiert. Sie ist temperamentvoll, spontan und eher jugendlich-oberflächlich, also das genaue Gegenteil von Estela. Sie soll nach Estelas Willen von ihrem Schicksal erst dann erfahren, wenn sie alt genug ist und den Entwicklungsstand erreicht hat, um die Tatsache verkraften zu können, dass sie zwangsadoptiert wurde. Estela will sie auf diese Weise schützen, weil sie sich für sie verantwortlich fühlt.
Armando Lavalle	Der (Adoptiv-)Vater der beiden ist ein nach Katalonien emigrierter Argentinier. Er wirkt verschlossen und grantelig, ist konservativ, sein Gesellschaftsmodell ist geradezu reaktionär. Er ist das typische autoritäre Familienoberhaupt, dessen Wort Gesetz ist und dem alle zu gehorchen haben. Gelegentliche Anspielungen im Roman lassen auf eine dunkle Vergangenheit schließen, was sich am Ende bestätigt, als er als Folterknecht der Militärjunta enttarnt wird. Als er von Estela mit seiner Vergangenheit konfrontiert wird, bricht er zusammen und verliert sein herrisches Auftreten. Nur Estelas Einsatz, nicht zuletzt aus Sorge um Alexandra, bewahrt ihn davor, sofort als Mordverdächtiger angezeigt zu werden.
Petra Puigbó de Lavalle	Die (Adoptiv-)Mutter der beiden Schwestern ist diejenige, die die Familie eint. Sie ist eine wichtige Bezugsperson für ihre Töchter. Ihrem Mann, den sie in Argentinien geheiratet hat, folgt sie widerspruchslos, vor der Wirklichkeit der Zwangsadoption verschließt sie die Augen. Sie selbst kann keine Kinder bekommen.
Miguel	Miguel ist Estelas Freund, mit dem sie zusammenzieht, als sie sich am Ende des Romans von ihrer Adoptivfamilie trennt. Er unterstützt sie bei der Bewältigung ihrer Konflikte.
Ana Cecilia Mariani	Sie ist Estelas leibliche Tante aus Buenos Aires, die Schwester ihrer leiblichen Mutter. Sie arbeitet engagiert daran, Adoptionsfälle wie den ihrer Nichte aufzuklären und die Schuldigen der Justiz zuzuführen.
Sonstige (Nebenfiguren)	Dies sind Estelas Großmutter, die Mutter von Petra Puigbó, ferner Modesto Sanjuan, Mitarbeiter in der ONG, in der auch Estela sich engagiert, sowie Fina, Estelas Freundin.

Der Inhalt

La memoria de los seres perdidos erzählt die Geschichte der 19-jährigen Estela, die mit ihren Eltern und ihrer Schwester in Barcelona lebt. Estela ist wie die meisten Mädchen ihres Alters, sie hat einen festen Freund, ist in einer ONG engagiert und versteht sich gut mit ihren Eltern. Ihr Vater stammt aus Argentinien, ihre Mutter ist Katalanin.

Ihr Leben verändert sich jedoch von einem Tag auf den anderen, als sie von einer Unbekannten erfährt, dass sie angeblich von ihren Eltern adoptiert wurde und die leibliche Tochter einer von der argentinischen Militärdiktatur zu Tode gefolterten jungen Frau sei. Der Mörder ihrer leiblichen Mutter sei ihr Adoptivvater.

Nach und nach muss Estela einsehen, dass die Unbekannte, die sich als ihre Tante entpuppt, die Wahrheit sagt. Sie konfrontiert ihre Adoptiveltern mit den angeblichen Fakten; diese reagieren hilflos. Da ihre Adoptivmutter keine eigenen Kinder bekommen kann, erkennt Estela, dass auch ihre Schwester ein adoptiertes Kind sein muss.

Estela kann ihre Adoptiveltern trotz der Tatsache, dass sie in die diktatoriale Todesmaschinerie verwickelt waren, nicht hassen. Die Zuneigung, die sie im Verlauf ihres Lebens für sie aufgebaut hat, ist zu stark. Allerdings bleibt sie nicht länger in ihrem Elternhaus wohnen, sondern zieht mit ihrem Freund zusammen.

Wie sie letztendlich mit ihren Adoptiveltern umgehen wird, ob sie einwilligen wird, dass ihre Tante ihren Adoptivvater als Mörder anzeigt, sobald ihre Schwester reif genug für die Wahrheit ist, bleibt offen.

Auffälliges Strukturmerkmal des Romans ist, dass er nicht nur in Kapitel, sondern zusätzlich auch noch in vier Teile gegliedert ist, die nach den Mondphasen benannt werden. Anlehnungen an esoterische Vorstellungen klingen hier an.

Die verschiedenen Mondphasen haben unterschiedliche Wirkungsweisen:

Die starken Impulse des Neumondes wirken als Kräfte der Neuorientierung und des Beginnens auf die Natur und auch auf den Menschen. Frisch und ursprünglich, regen die geballten Energien dazu an, Vorhaben für ein zunehmend konkretes Handeln vorzubereiten.

Der zunehmende Mond gilt als Zeichen der Aufnahme und des Wachsens; die positiven Wirkungen überwiegen, da die Energien aufgenommen und gespeichert werden.

Besonders deutlich spürbar sind die Impulse des Mondes bei Vollmond. Dieser bezeichnet die Zeit starker positiver, aber auch negativer Gefühle. In der kurzen Zeit, in der Vollmond herrscht, gibt es nachweislich besonders viele Geburten, aber auch besonders viele Unfälle und Gewaltverbrechen.

In der Phase des abnehmenden Mondes werden Kräfte und Energien freigesetzt, in ihr befreit der Mond von Zweifeln und Ängsten. Die positiven Gefühle werden für den nun bald beginnenden neuen Zyklus gebündelt.

Übersicht über die Kapitel des Romans

Die grau unterlegten Kapitel sollten intensiv gelesen und bearbeitet werden.

Personas y lugar	Acontecimientos
Primera parte: luna llena (capítulos 1–10, pp. 7–59)	
capítulo 1 (pp. 7–13)	
• Estela, una chica de 19 años, la protagonista • Alexandra, su hermana menor (16 años) • los padres de Estela y Alexandra: Armando Lavalle Petra Puigbó de Lavalle • Miguel, novio de Estela • en casa de la familia de Estela	Estela presenta su novio Miguel a sus padres; primera cena con la familia de Estela. Se da una breve *caracterización* de los protagonistas.
capítulo 2 (pp. 14–19)	
• Estela • Fina, su amiga • en un bar	Fina quiere saber cómo Miguel fue recibido en casa de Estela. Hablan de proyectos sobre el futuro.
capítulo 3 (pp. 20–24)	
• Estela • Miguel • en los jardines cerca de la facultad • en la moto de Miguel	Miguel quiere saber qué impresión dio en casa de su novia, sobre todo si el padre lo ha aceptado.
capítulo 4 (pp. 25–28)	
• Estela • Miguel • en los jardines (cf. cap. 3) • casa y habitación de Estela	Los novios se despiden. Estela vuelve a casa, pensando en su relación con Miguel, en cómo se conocieron, etc.; es feliz, a pesar de su carácter pesimista.
capítulo 5 (pp. 29–35)	
• Estela • Modesto Sanjuán, 35 años, compañero y amigo de Estela; como ella trabaja en la AAD (**Acción de Ayuda Directa**) • mujer de aproximadamente 30 años; cuidada y arreglada • en las oficinas de la AAD	Estela y Modesto trabajan en la oficina. Estela se da cuenta de una mujer en la calle que la mira fijamente. A Estela la estremecen sus ojos.
capítulo 6 (pp. 36–41)	
• Estela • su padre • Alexandra • en casa de Estela • sala de estar y habitación de Estela	El padre de Estela está mirando un partido de fútbol en la tele. Juega la selección argentina. Alexandra quiere salir y volver muy tarde a casa; pide a su hermana que la apoye frente a sus padres para que no se lo prohíban.

capítulo 7 (pp. 42–45)	
• Estela • Alexandra • su padre • en casa de Estela	Estela reflexiona sobre su familia: • Ya llevan 15 años en Barcelona. • Su padre nació en Buenos Aires, su madre en Barcelona. • En 1982, la familia abandonó la Argentina para vivir en España. • Estela muestra interés por Argentina.
capítulo 8 (pp. 46–49)	
• Estela • Alexandra • la mujer desconocida del cap. 5 • Miguel • en casa de Estela • delante de la casa, en el coche de Miguel	Estela ve a la mujer delante de su casa, observándola. Se asusta. Llama a su hermana que tampoco la conoce. Al bajar a la calle para encontrarse con Miguel, se da cuenta de que la mujer la mira a ella. Cuando quiere que Miguel la vea también, la mujer ya ha desaparecido.
capítulo 9 (pp. 50–55)	
• Estela • Alexandra • su padre • su madre • en el salón de la casa de la familia	• La familia Lavalle está comiendo y comentan de forma polémica una huelga. Hablan de aspectos socio-políticos desde puntos de vista muy contrarios. • Estela quiere saber algo del pasado de sus padres, pero su madre la interrumpe y corta las preguntas.
capítulo 10 (pp. 56–59)	
• Estela • Alexandra • su madre • en la cocina de la casa de la familia	• Estela quiere saber algo del pasado de sus padres, después de la discusión durante la comida y la reacción rígida de su madre. Ésta defiende a su marido ante sus hijas. Estela se inquieta por la palabra "limpiar" que ha usado su padre.

Segunda parte: cuarto menguante (capítulos 11–19, pp. 63–116)

capítulo 11 (pp. 63–66)	
• Fina • Estela • mujer desconocida • en un bar	• Las dos amigas hablan de sus diferentes conceptos de la vida. Fina está a punto de ligar con un chico de al lado. • Al salir Estela del bar, la mujer desconocida le dirige la palabra.
capítulo 12 (pp. 67–70)	
• Estela • mujer desconocida; se llama Ana Cecilia Mariani; es de Buenos Aires • en la calle	• Estela reacciona con un miedo que no sabe explicarse. • Ana quiere hablar con ella, y después de un momento de indecisión, Estela acepta, siguiendo un impulso irresistible.
capítulo 13 (pp. 71–76)	
• Estela • Ana Cecilia Mariani • en un bar	Ana le cuenta a Estela la historia de su madre y de su nacimiento en un campo de exterminio de la Armada argentina.

capítulo 14 (pp. 77–81)

● Estela ● Ana Cecilia Mariani ● en un bar	Las dos mujeres discuten sobre las revelaciones de Ana. Ana acusa al padre de Estela de ser culpable de la muerte de su madre, Graciela Mariani, por haber sido su torturador y asesino, y de haber adoptado a Estela, robándole su identidad. Ana trata de convencer a Estela para que ésta reconozca que ella no está loca ni le cuenta mentiras.

capítulo 15 (pp. 82–87)

● Estela ● su madre ● en casa de la familia ● habitación de Estela	Después de las revelaciones de Ana, Estela la abandona huyendo, vuelve a su casa y necesita estar sola para reflexionar sobre lo oído. No quiere creerlo, sin embargo, tiene dudas.

capítulo 16 (pp. 88–96)

● Estela ● Modesto Sanjuán ● oficina de la AAD	● Estela le pregunta a Modesto sobre la dictadura en la Argentina; éste le relata los acontecimientos desde 1976, haciendo hincapié en las atrocidades cometidas por los militares. Se centra sobre el tema de los niños nacidos en las cárceles entre 1977 y 1979, y en las Madres y Abuelas de la Plaza de Mayo. Finalmente habla de los intentos de las Abuelas de volver a encontrar a sus nietos y nietas, adoptados por (ex-) militares que se han refugiado, por ejemplo, en España después de abandonar la Argentina. ● Hay algunos rasgos paralelos entre la historia de Estela y los niños desaparecidos.

capítulo 17 (pp. 97–105)

● Estela ● su abuela materna ● en casa de la abuela	Estela quiere saber de su abuela detalles sobre la vida de su madre, antes y después de ir a la Argentina, y de su padre, del que no sabía que era militar. Leyendo una carta que su madre había escrito a la abuela desde la Argentina, Estela se da cuenta de que hay algo dudoso en cuanto a la fecha de su nacimiento.

capítulo 18 (pp. 106–111)

● Estela ● su padre ● su madre ● Alexandra ● en casa de la familia; a la mesa, comiendo	Durante la comida, Estela casi no logra controlar su desazón y los nervios. Después de la conversación con Ana, no logra recuperar la calma. Trata de interrogar a sus padres, pero es interrumpida por una llamada telefónica de Modesto. Después llega Miguel para llevarla a dar un paseo en coche.

capítulo 19 (pp. 112–116)

● Estela ● Miguel ● en la calle; en el coche de Miguel	Estela y Miguel discuten la posibilidad de que Ana haya dicho la verdad. Cada vez creen más en esta posibilidad. Estela tiene miedo de la verdad, Miguel la tranquiliza.

Tercera parte: luna nueva (capítulos 20–27, pp. 117–158)

capítulo 20 (pp. 119–126)

• Estela • su padre (al comienzo del capítulo) • en la habitación de Estela	Por correo, en un sobre que le entrega su padre, Estela recibe el expediente enviado por Ana, en que detalladamente se informa sobre los acontecimientos de su nacimiento y del destino de sus padres biológicos.

capítulo 21 (pp. 127–131)

• Estela • Modesto • además, tres personas que trabajan en la oficina • oficina de la AAD	Estela recibe las informaciones reunidas por Modesto y le informa globalmente sobre su origen y su situación.

capítulo 22 (pp. 132–137)

• Estela • en la habitación de Estela	• Se menciona a Rodolfo Walsh, víctima de la dictadura. • Hay consideraciones sobre la violencia de regímenes dictatoriales, comparando a los militares argentinos con los nazis. • Estela se entera de casos de víctimas, expuestos en el expediente facilitado por Modesto, sobre casos de niños desaparecidos que fueron encontrados y sobre complicaciones entre familias adoptivas y legítimas. • Estela vive un conflicto interior: ¿Podría odiar a sus padres?

capítulo 23 (pp. 138–139)

• Estela • Ana • delante de la casa de Ana	Estela está delante de la casa de Ana y no sabe si entrar o no, cuando Ana abre la puerta y la invita a entrar.

capítulo 24 (pp. 140–145)

• Estela • Ana • Jacinta (por un momento; también miembro de las Madres de la Plaza de Mayo) • en casa de Ana	Ana cuenta cómo ha encontrado a Estela, después de la huida de sus padres de la Argentina. Estela trata de resistirse a creer en las palabras de Ana. Ana anuncia que va a denunciar al padre de Estela.

capítulo 25 (pp. 146–149)

• Estela • Fina • al teléfono: Alexandra y su madre • en casa de Fina	Estela no quiere pasar la noche en su casa y duerme en casa de Fina. Llama a Miguel para quedar con él al día siguiente e ir juntos a su casa para hablar con sus padres.

capítulo 26 (pp. 150–155)

• Estela • Miguel • en casa de sus padres	Estela ha esperado hasta que haya salido su madre para que no haya nadie en casa. Junto con Miguel quiere revisar cajones y mesas para encontrar pruebas de su pasado. Tras una búsqueda intensa encuentran un papel en que se confirma que su madre es estéril, lo que significa que Estela y Alexandra son adoptadas.

capítulo 27 (pp. 156–158)

• Estela • en la habitación de Estela	• Estela pasa revista a su vida con su familia. También se imagina a su madre biológica en el momento de su nacimiento y después, cuando murió. • Está perturbada y no sabe si puede odiar a su padre adoptivo, si puede olvidar o incluso perdonarle. • Su madre la llama para que vaya a comer.

Cuarta parte: cuarto creciente (capítulos 28–31, pp. 159–179)

capítulo 28 (pp. 161–165)

• Estela • Ana • en casa de Ana	• Estela reconoce que Ana es su tía. Sin embargo le pide que no denuncie a Armando Lavalle. • Sobre todo teme por su hermana Alexandra, también hija de desaparecidos. No quiere que sepa la verdad antes de cumplir los 18 ó 19 años. Ana asiente.

capítulo 29 (pp. 166–170)

• Estela • su madre • en casa de Estela	• Estela habla con su madre y le reprocha no haberle dicho nada de su adopción. Su madre trata de explicárselo, refiriéndose a sus sentimientos, que del desengaño inicial se transformaron en felicidad al tenerla a Estela. • Su madre no se enfrentó a las circunstancias reales, tampoco con Alexandra y otro niño que se les murió a las dos semanas. • Insiste en que huyeron por ellas, a causa de las Madres y las Abuelas de la Plaza de Mayo, no por un crimen de Armando. • Estela enfrenta a su madre con la verdad sobre su madre biológica.

capítulo 30 (pp. 171–175)

• Estela • Armando Lavalle • sala de estar en la casa de Estela	• Estela habla con Armando y le hace saber que va a abandonar la casa para vivir con Miguel. • Cuando Armando trata de reaccionar con la autoridad del cabeza de familia, Estela lo confronta con el nombre de su madre biológica. • A partir de este momento es superior a Armando, que reacciona de manera desorientada y torpe. Trata de minimizar su culpa al verse expuesto a los reproches y las acusaciones de Estela. Finalmente se rinde abatido y pide perdón. • Estela se va sin sentir nada; ni compasión ni odio.

capítulo 31 (pp. 176–179)

• Estela • Miguel • Alexandra • delante de la casa de Estela	Estela se despide de su hermana que no entiende por qué se va de casa.

El autor

Jordi Sierra i Fabra (* 1947) es un escritor español. Entre sus temas hay que mencionar la historia de rock y la literatura juvenil e infantil. Ha publicado otras novelas vinculadas al mundo de los jóvenes, por ejemplo *El joven Lennon* o *El cazador*. Nacido en Barcelona, estudió Aparejadores. Esta profesión la empezó a ejercer de día. Por la noche escribía. Además formaba parte del programa *Gran Musical* de Radio Madrid. Desde 1970 dirigió el seminario Disco *Expres*. En 1972 publicó *Historia de la música pop*, y en 1982 el diccionario de seis volúmenes *Historia de la música rock*, que ha sido editado en muchos países. Además ha escrito monográficos sobre The Beatles, Bob Dylan, Pink Floyd, John  Lennon, Jim Morrison, Elvis Presley, Miguel Ríos, Bruce Springsteen, Led Zeppelin, y otros más. Ha colaborado en casi todas las revistas musicales pop y rock, pero desde finales de los años 70 ha reducido su dedicación a la música trabajando como asesor de la revista *Super Pop*. Esto, sin embargo, no quiere decir que ya no escriba sobre este género.

Vorüberlegungen zum Einsatz des Romans im Unterricht

Im Spektrum Lateinamerikas stellt Argentinien einen wichtigen Teilbereich dar. Das zweit-größte Land des Subkontinents bietet eine Vielfalt an Themen und Aspekten, die sich für eine Aufnahme in unterrichtliche Zusammenhänge anbieten.

Im vorliegenden Kontext geht es um die Militärdiktatur 1976 – 1983 und vor allem darum, wie ihre menschenverachtende Grausamkeit die heutige Gesellschaft immer noch bewegt und welche Einschnitte sie im Bewusstsein nicht nur der Argentinier hinterlassen hat. Von den unterschiedlichen Facetten, die sich diesem Aspekt nähern könnten, wird schwerpunkt-mäßig das Phänomen der Zwangsadoptionen in den Blick genommen, zu dessen Verständnis es aber notwendig ist, auch auf weitere Willkürmaßnahmen der Diktatur einzugehen. Man kann hier sicher ohne zu übertreiben davon sprechen, dass die Erlebnisse jener Zeit nicht nur die unmittelbar Betroffenen traumatisiert haben.

So hat das Thema der zwangsadoptierten Kinder im Argentinien der Militärdiktatur auf vielfältige Weise seinen Eingang in literarische und nicht-literarische Publikationen der spa-nischsprachigen Länder gefunden. Auf diese Weise wird seine soziokulturelle Relevanz be-tont. Auch fast 30 Jahre nach dem Ende der Diktatur hat die Problematik nichts von ihrer Aktualität verloren.

La memoria de los seres perdidos verarbeitet diese Thematik in eindringlicher Weise, bei der die Leserschaft unserer Schulen durchaus Identifikationspunkte finden kann. Nicht zuletzt handelt es sich – vor dem politischen Hintergrund – um eine konfliktive Eltern-Tochter-Beziehung und um eine Liebesgeschichte, damit also um Themenbereiche, die den heran-wachsenden Schülerinnen und Schülern durchaus vertraut sein werden.

Der Roman ist sprachlich eher einfach, sein Aufbau ist übersichtlich, die einzelnen, nicht allzu langen Kapitel sind überschaubar. Daher ist sein Einsatz zu Beginn der Qualifikations-phase (Jgst. 10 bzw. 11) bei einem Sprachlernbeginn in Jahrgang 8 bzw. 9 ebenso möglich wie im Verlauf der Qualifikationsphase (Jgst. 12 oder 13) bei einem Sprachlernbeginn ab Jgst. 10 bzw. 11.

Konzeption des Unterrichts-
modells

Das vorliegende Unterrichtsmodell will die Vielfältigkeit, die Intensität der Auseinandersetzung sowie Wege der Bewältigung dieser traumatisierenden Erfahrungen umreißen, die viele Menschen mit den Auswüchsen der Junta gemacht haben.

Im Zentrum der Reihe steht der Roman *La memoria de los seres perdidos*, der exemplarisch darstellt, wie sich Schicksale Zwangsadoptierter gestalten könnten. Anhand dieses fiktionalen Textes, der ein Einzelbeispiel erzählt, wird in besonders konzentrierter und damit intensiver Weise die Auswirkung totalitärer Willkür dargestellt und dadurch beim Leser Empathie erzeugt. Die „Echtheit" des im Roman Beschriebenen wird durch unterschiedliche Zusatzmaterialien – Bilder, Sachtexte und einen Filmausschnitt aus Sauras *Tango* – untermauert. Zwar erzählt auch der Film eine fiktionale Geschichte, jedoch fußen die dargestellten Ereignisse auf eben dieser grausamen Realität und veranschaulichen diese durch eine in anderen Medien nicht vorhandene Wahrnehmungsweise. Die Sachtexte bieten notwendige Hintergrundinformationen, die es erlauben, sich den Roman mit dem erforderlichen Vorwissen und einem erweiterten Kenntnisstand zu erschließen. Roman und Zusatzmaterialien sollen, indem sie parallel statt sukzessive greifen, den Schülerinnen und Schülern die Thematik, die im Roman verarbeitet wird, nahebringen. Die Bedeutung des Zusatzmaterials wird dadurch unterstrichen, dass dieses nicht nur als Belegmaterial zu sehen ist, sondern dass sein jeweiliger thematisch-textueller Zuschnitt herauszuarbeiten und auf den Roman zu beziehen ist.
Die kontinuierliche Lektüre des Romans wird also stellenweise durch die Bearbeitung der Zusatzmaterialien unterbrochen, um zu einem vertieften Verständnis zu gelangen.

Die Art der Erarbeitung berücksichtigt sprachliche, inhaltliche und methodische Bereiche. Es sollen ein themenspezifischer Wortschatz erworben bzw. erweitert und Redemittel des adressaten- und sachbezogenen Diskurses und das Erstellen unterschiedlicher Textsorten geschult werden. Das Thema wird in vielfältigen Facetten erarbeitet und kommentiert, mit den unterschiedlichen Textsorten soll unter Beachtung ihrer jeweiligen Spezifika umgegangen werden. Dabei werden detaillierte (Plenumsarbeit) sowie selektive und globale (*peritismo*; siehe S. 21) Lesestrategien geübt. Durch die vorgesehene methodische Vielfalt wird Wert gelegt auf ein hohes Maß an Eigentätigkeit und Eigenverantwortung der Lernenden, die teils im Team, teils einzeln für sich und ihre Lerngruppe Erträge anbahnen bzw. vorlegen. Hierzu wechseln Aktions- und Sozialformen und explizit und implizit analytische Ansätze.

Die Erarbeitung folgt den vier Teilen/Mondphasen, in die der Roman eingeteilt ist. Sie ist also chronologisch gegliedert.

Módulo 1 behandelt die Kapitel 1–10. Hier geht es um das Familienleben der Protagonistin Estela, die ihren *novio* den Eltern vorstellt, mit denen sie in einer harmonischen Familienbeziehung lebt. Diese Harmonie wird jedoch gelegentlich infrage gestellt (vgl. Kap. 10).
Neben diesen inhaltlichen Aspekten werden textanalytische Fertigkeiten wie die Beschreibung/Charakterisierung von Personen und ihrer Beziehungen zueinander geschult. Als Hinführung (*actividad antes de la lectura*) dient die Beschreibung einer Abbildung (*copia 1*), die auf die Ausgangssituation des Romans Bezug nimmt und die glückliche Beziehung eines jungen Paares darstellt. Zum Ausklang dieses Teils dient ein weiteres Foto, das eine *manifestación* der *Madres de la Plaza de Mayo* zeigt.

Módulo 2 umfasst die Romankapitel 11–19. In der Begegnung mit ihrer leiblichen Tante Ana wird Estela die mögliche Verstrickung ihres Vaters in Verbrechen der Militärdiktatur vor Augen gehalten und ihr eröffnet, dass sie zwangsadoptiert sei. Zwar zweifelt sie zunächst noch an Anas Worten, es mehren sich aber die Anzeichen, dass diese die Wahrheit sagt.
Im Anschluss an die Lektüre der Romankapitel wird der inhaltliche Aspekt der Zwangsadoptionen durch die Behandlung eines Sachtextes (*Embarazadas desaparecidas*) erweitert und ein genereller Eindruck der Grausamkeit und Willkür während der Herrschaft der Militärs durch einen Auszug aus Carlos Sauras Film *Tango* vermittelt.

Módulo 3 liegen die Kapitel 20–27 zugrunde. In diesen erfährt Estela mehr über die Taten der Militärs und über die Verstrickungen ihres „Vaters" in diese. Die Tatsache, dass ihre „Mutter" keine eigenen Kinder bekommen kann, beweist ihr, dass sie, ebenso wie ihre Schwester, adoptiert ist.
Ergänzt werden die Ereignisse des Romans um drei Sachtexte, die beschreibend und kommentierend die Romaninhalte vertiefen, und um drei Fotos, die diese veranschaulichen.

Módulo 4 beschließt die Bearbeitung des Romans. Im Zentrum dieses Teils steht Estelas Entscheidung, aufgrund der gewonnenen Erkenntnisse ihr Adoptivelternhaus zu verlassen und mit ihrem Freund Miguel zusammenzuleben.
Ein Rollenspiel zu dem Sachtext *Juicio histórico*, der mit dem Romaninhalt in Beziehung gesetzt wird, beschließt die Besprechung von *La memoria de los seres perdidos*.

Die Erarbeitung des Romans erfolgt in **drei unterschiedlichen Vorgehensweisen:**
Die in der tabellarischen Übersicht (s. S. 8–12) grau unterlegten Kapitel bilden die Grundlage für eine **intensive Erarbeitung in der Lerngruppe.** Sie gelten als Kernstellen des Romans, durch deren Analyse ein vertieftes Verständnis der thematischen Facetten des Ganzen erreicht werden soll. Ihre Erarbeitung erfolgt im Plenum, sieht man von den Teilphasen ab, in denen Einzel-, Partner- oder Gruppenarbeit vorgesehen ist, die aber auch wieder in die Plenumsarbeit überführt wird.
Die meisten übrigen Kapitel bilden die Grundlage für das Verfahren des *peritismo*. Hierbei übernehmen ein bis zwei Schülerinnen bzw. Schüler die Textvorbereitung und die Präsentation bzw. die Moderation der inhaltlichen Erarbeitung. Die Kapitel sollen nicht detailliert analytisch erarbeitet werden, es reicht ein globales und/oder selektives Leseverstehen. Durch dieses „Lernen durch Lehren" wird das Verständnis der inhaltlichen Zusammenhänge ebenso gesichert, wie eine themenzentrierte Interaktion der Schülerinnen und Schüler untereinander angebahnt wird, da die Lernenden die Arbeit zu ihrem vorbereiteten Part im Unterrichtsgespräch moderieren, Fragen beantworten und gezielt bei Verstehensschwierigkeiten helfen. Bei Bedarf muss die Lehrkraft helfend eingreifen.
Das Kapitel 17 wird im **Lehrervortrag** präsentiert, zu dem eine multiple-choice-Tabelle als Hörhilfe beigegeben wird. Damit soll der im Vortrag gehörte Inhalt reorganisiert und in seinem zentralen Bereich in eine andere (dialogische) Textsorte überführt werden.
Schwerpunktmäßig geht es bei diesen (untergeordneten) Kapiteln darum, den inhaltlichen „roten Faden" nicht zu verlieren und Brüche im Verstehen der Zusammenhänge zu vermeiden (zum Inhalt vgl. die tabellarische Übersicht S. 8–12).

Zwei **Klausurvorschläge** runden das Modell ab, wobei der erste auf einem Auszug aus einer Kurzgeschichte basiert, der zweite auf einem Auszug aus einem Sachtext.

Im Anhang findet sich eine **alphabetische Vokabelliste** zum Roman (S. 67 ff.).

La familia de Estela
(capítulos 1–10; pp. 9–59)

Die Kapitel des ersten Teils des Romans liefern wesentliche Informationen, etwa in den Gesprächen zwischen Estela und Fina (vgl. Kap. 2), die zur Personenbeschreibung herangezogen werden oder zur Darstellung der Beziehung zwischen Estela und Miguel (vgl. z. B. Kap. 4) und zur Beschreibung der unbekannten Frau (vgl. Kap. 8). Außerdem sind sie für die inhaltlichen Zusammenhänge von Bedeutung. Teile des Aufgabenapparats beziehen sich daher auf den gesamten ersten Teil des Romans.

1.1 Bildbetrachtung: ¿Qué vemos? Actividad antes de la lectura

Der Einstieg in die Lektüre erfolgt über eine Bildbetrachtung (*Copia 1*), die der Analyse des ersten Kapitels vorgeschaltet wird. Das Bild dient der Einstimmung auf die Situation und bereitet auf die familiäre Harmonie vor, in der Estela zu Beginn lebt und in der sie ihre Zukunftspläne schmiedet. Zugleich hilft es, einen entsprechenden themenspezifischen Wortschatz zu erarbeiten bzw. zu erweitern.

1. Describe la imagen.
2. Haz un mapa mental con el vocabulario temático que se puede derivar de la imagen.

Mögliche Lösungsansätze:

1. La imagen muestra una pareja contenta. El mensaje de la foto es la armonía y la felicidad de un amor muy vivo. Esto se simboliza por la sonrisa cómplice y la mirada enamorada de los jóvenes en la foto. Parece que no hay nada que pueda perturbar este ambiente.

2.

```
intimidad        alegría              convivencia

amor                                  confianza

felicidad           pareja

caricia                               armonía

cercanía         futuro          proyectos
                                 comunes
```

Dazu kann folgende Hausaufgabe gegeben werden:

> Para investigar cómo se manifiestan algunas de estas palabras en el capítulo 1 de la novela, leed este capítulo y rellenad una tabla como la siguiente con citas adecuadas del texto.

amor	felicidad	armonía	confianza	futuro

Möglicher Lösungsansatz:

amor	felicidad	armonía	confianza	futuro
Los dos se miraron. Los dos sonrieron. Y después se besaron. (p. 9/10)	jamás se había sentido más hermosa (p. 9)	Quería a todas las personas que se encontraban en la sala... (p. 11)	No dudaba de que todo iría bien. (p. 11)	Eran su mundo, su familia... y con respecto a Miguel, su futuro. (p. 11) Bienvenido a esta casa, hijo. (p. 12)

1.2 Los Lavalle-Puigbó: ¿Una familia modelo?

1.2.1 A conocer a los personajes centrales

Skizzierung des unterrichtlichen Vorgehens:

Capítulo 1:
Die ersten beiden Aufgaben sichern das inhaltliche Verständnis und die Situation, die zumindest einigen Schülerinnen und Schülern vertraut sein dürfte. Das Kapitel 1 wurde in der Hausaufgabe bereits vorbereitet im Hinblick auf ein thematisches Vokabular, das im Kontext der Stunde bei der inhaltlichen Wiedergabe aufgegriffen werden kann. Im Kapitel 2 wird das Geschehen auf die Begegnung zwischen den Generationen fokussiert. Beide Kapitel eignen sich für ein Unterrichtsgespräch im Plenum.

Als dessen Ertrag können charakteristische Merkmale der Personen und der Situation im folgenden Rollenspiel genutzt werden. Die Schülerinnen und Schüler erarbeiten in einer kurzen Stillarbeitsphase ihre jeweilige Rolle, wobei der Romandialog als eigene Textvorlage dienen kann. Auch hier sollte der in der *mapa mental* fixierte Wortschatz mit eingebracht werden können. Anschließend überlegen die Kursteilnehmer gemeinsam die Art der szenischen Gestaltung und nutzen die erzählenden Romanpassagen als Regieanweisungen. Bei der Präsentation sollten sich die Akteure nicht allzu sehr an ihren Manuskripten festhalten. Der Restkurs bekommt als Beobachtungsaufgabe, die Art des Spiels, die „Echtheit" der jeweiligen Rolle und den Grad des selbstständigen Sprechens zu bewerten. Diese kleine Evaluation schließt sich in einer kurzen Plenumsphase an. Bei zügigem Arbeiten ist damit eine Doppelstunde zu füllen.

> 1. Estudia el capítulo y esboza de qué trata.
>
> 2. "Era la hora. El gran momento." (p. 9): Explica estas frases en el contexto del primer capítulo.

3. Transforma el capítulo en un juego de roles.

4. Los que no juegan activamente, evaluarán la manera de jugar, la autenticidad del papel representado y la manera de hablar libremente de los actores.

Mögliche Lösungsansätze:

1. Resumen del contenido: véase tabla (p. 8).

2. Elena quiere presentar su novio a sus padres. Está muy nerviosa porque no sabe cómo van a reaccionar, sobre todo su padre. Espera que sus padres acepten su relación y que su novio dé buena impresión.

3. En un juego de roles tienen que participar Elena, sus padres, Alexandra y Miguel. Hay tres escenas: Elena saluda a Miguel; Elena presenta a Miguel a la familia; Elena interroga a su madre. Los diálogos del capítulo son también el texto en el juego, el resto del capítulo sirve de acotaciones. El grupo se divide en actores y críticos que evalúen el juego de roles.

Capítulo 2:
Die vorbereitete Hausaufgabe wird in der Stunde von zwei bis drei Kursteilnehmern vorgetragen. Die Lerngruppe stellt im Unterrichtsgespräch gleich und unterschiedlich Gewichtetes bei den Schülerlösungen fest und sichert so das Verständnis des Handlungsgangs sowie von Wesensmerkmalen der Protagonistin Estela im Vergleich mit ihrer Freundin Fina.

Resume en pocas palabras el contenido del capítulo. Además esboza la diferencia entre Estela y Fina.

Möglicher Lösungsansatz:

Véase tabla (p. 8). Estela ya tiene proyectos concretos para su futura vida, mientras que Fina aún está indecisa. Estela tiene novio, Fina no. A ella le gusta coquetear, mientras que Estela está muy enamorada de su novio.

Capítulo 3:
Die Arbeit an diesem Kapitel setzt einen Schwerpunkt auf die Personenkonstellation. Im Hinblick auf Estela fließen hier Erträge der Arbeit zum Kapitel 2 mit ein. Die Stunde wird geprägt durch eine Gruppenarbeit und ihre Auswertung, deren Ergebnisse die Basis für die weiterführende Hausaufgabe bilden. In der Hausaufgabe kommt erneut das thematische Vokabular aus Kapitel 1 zur Anwendung.

1. Basándote en tu presentación en el capítulo, haz una ficha personal de Miguel, teniendo en cuenta su aspecto físico, su manera de comportarse y su personalidad (trabajo en grupo).

2. Caracteriza la relación entre Estela y Miguel. Rellena la tabla siguiente:

cita del texto	conclusión

Mögliche Lösungsansätze:

1. Miguel es un chico simpático. Da una impresión madura y sensata. Quiere que los padres de su novia lo acepten, lo que se muestra en que quiere saber con todo detalle cómo han reaccionado. Quiere mucho a Estela.

2. Parece que los dos forman una pareja ideal. Su relación se basa en la confianza mutua y en un entendimiento ciego. Es muy intensa.

cita del texto	conclusión
… se subió a la grupa de la máquina, por detrás de su novio, aferrándose a su cuerpo. Le gustaba el contacto. Se sentía segura agarrada a él. […] La única pega residía en llevar el dichoso casco y no poder apoyar su cara desnuda en su espalda. (p. 20)	confianza; anhelo de contacto físico
● … que si es en serio que vas a pasar el resto de tu vida conmigo. ● Ah, pues sí, parece que eso ya está más o menos… Estela no le dejó seguir. Le tapó la boca con un beso […]. El tiempo dejó de existir en ese instante para ambos.	planes de un futuro común; amor romántico

1.2.2 Peritismo: aspectos centrales del contenido

Das unterrichtliche Vorgehen folgt der Chronologie des Romans. Die Kapitel 4, 6, 8 und 9 werden mit der Methode des *peritismo* behandelt, während die Kapitel 5 und 7 detailliert im Unterricht besprochen werden.

Erläuterung zum System des *peritismo*: Der gesamte Kurs liest alle Kapitel mit dem Ziel des Globalverständnisses. Jeweils zwei Schülerinnen oder Schüler befassen sich intensiv mit jeweils einem Einzelkapitel, sodass sie sowohl über inhaltliche Details Bescheid wissen als auch sprachliche Probleme klären können. Sie haben ebenfalls die Aufgabe, sich Gedanken zu machen über die Art und Weise, wie sie das Globalverständnis bei den anderen Kursmitgliedern abfragen und wie sie notwendige Detailkenntnisse absichern. Ein weiteres Ziel ist es, partiell Fragestellungen zu weiterführenden Problemen zu entwickeln.

1. Todos leen los capítulos 4, 6, 8 y 9 de manera global.

2. Para cada capítulo, 1 ó 2 alumnos preparan detalladamente el contenido.

3. En clase, o presentan su capítulo al curso, o formulan tres o cuatro preguntas que luego contesta el curso. Los peritos ayudan al curso y dirigen la clase.

Mögliche Lösungsansätze:

1. Contenido: Véase tabla (p. 8/9); los alumnos se sirven también del vocabulario.

2. La presentación o consiste en un resumen de los aspectos más importantes, seguido de preguntas que aseguren el entendimiento, o con-

siste en preguntas de los peritos que han de ser contestadas por los participantes del curso con la ayuda de los peritos. Pueden mezclarse ambas formas de presentación.

Das Kapitel 5 wird im Plenum erarbeitet. Es wird eine vorbereitende Hausaufgabe gegeben und die Lösungen werden im Unterricht zusammengeführt:

1. Prepara este capítulo en casa e investiga si las siguientes tesis (*copia 2*) son correctas o falsas. Si hay faltas, da la solución correcta.

2. Cuenta el contenido del capítulo a partir de tus soluciones. Utiliza los tiempos del pasado.

Lösungen zu *Copia 2*:

a. Es falso. Se encuentran en un sencillo edificio del Eixample.
b. Es falso. Es una Organización No Gubernamental (ONG).
c. Es falso. En este momento, sólo está Modesto.
d. Es correcto.
e. Es falso. Estela tiene que ensobrar las cartas.
f. Es correcto.
g. Es correcto.
h. Es falso. Estela no conoce a la mujer. Sin embargo, su mirada la estremece.

Für ein Unterrichtsgespräch bieten sich die folgenden Impulse an. Die Hypothesenbildung in Aufgabe 5 kann im Zusammenhang mit den Kapiteln 8, 11 und 12 erneut aufgegriffen und bestätigt, modifiziert oder korrigiert werden, je nach Art der Vermutungen.

1. Describe a Modesto Sanjuán teniendo en cuenta las condiciones en que trabaja.

2. Explica a qué se dedica, al igual que otras ONG, la AAD.

3. Describe la relación entre Estela y Modesto.

4. Explica la reacción de Estela frente a la mujer desconocida que la observa.

5. Formula una hipótesis: ¿por qué la mujer observa a Estela?

1. Modesto Sanjuan es un hombre sincero, abierto y simpático. Es muy sensible y se dedica totalmente a los destinos de los desfavorecidos del mundo. Las condiciones en que trabaja sólo se pueden calificar de caóticas. Pero en este desorden desarrolla su eficiencia.

2. La AAD se dedica a ayudar a víctimas de violencia, a combatir injusticias y a la protección del medio ambiente.

3. Los dos son buenos amigos y colegas en el trabajo de la ONG. Se caen bien y se ayudan mutuamente en sus dificultades.

4. La reacción de Estela se puede explicar mediante un sentimiento visceral: La chica no sabe explicarse la actitud de la desconocida, sin embargo, siente algo que la inquieta.

Capítulo 5: tesis – ¿correctas o falsas?

Afirmación	c	f
a. Las oficinas de la AAD se encuentran en un edificio muy elegante.		
b. La Acción de Ayuda Directa es dirigida por el gobierno de España.		
c. En la oficina trabajan muchas personas.		
d. Modesto se alegra cuando entra Estela.		
e. Estela tiene que redactar unas cartas en la oficina.		
f. La mujer de Modesto está esperando un bebé.		
g. Afuera, en la calle, hay mucho tráfico.		
h. En la calle, Estela ve a una mujer que conoce de antes.		

5. Hay varias posibilidades: La mujer, o conoce a Estela y quiere acercár-
se a ella, o tiene malas intenciones y la espía. (Actividad durante la
lectura)

Kapitel 7 wird ebenfalls im Plenum erarbeitet. Impuls für eine vorbereitende Hausaufgabe:

Prepara este capítulo en casa, fijándote predominantemente en la vida
de los padres de Estela.

Im Unterricht: Die vorbereitete Hausaufgabe wird vorgetragen. Damit wird gesichert, dass
die im Kapitel dargestellten Lebensumstände der Eltern Lavalle-Puigbó verstanden worden
sind. Danach werden in Einzel- oder Partnerarbeit die folgenden Aufgaben bearbeitet. Bei
der Bearbeitung von Aufgabe 1 wird der Lerngruppe auffallen, dass Argentinien eine beson-
dere Bedeutung zukommt. Eventuell fällt hier bereits die Informationslücke auf ("… ni su
padre ni su madre hablaban mucho del pasado"), die im weiteren Verlauf der Lektüre be-
deutsam wird. Gleichzeitig dient der Lebenslauf als Grundlage für den zu verfassenden
Dialog (Aufgabe 2). Hierfür bietet sich eine Partnerarbeit an. Deren Erträge werden vorgetragen und von der Zuhörerschaft kommentierend bewertet.
Sollte in der (Doppel-)Stunde noch Zeit bleiben, schlösse sich im Unterrichtsgespräch die
Identitätsanalyse an (Aufgabe 3). Diese kann aber auch als Hausaufgabe gegeben werden
und die folgende Stunde einleiten.

1. Escribe, partiendo de los resultados de tus deberes, un currículum
vitae de Armando Lavalle y de Petra Puigbó en forma de una tabla.

2. En un diálogo con una buena amiga, Petra comenta su vida, habla de
sus hijas, su marido, etc. Redacta este diálogo.

3. Analiza, a partir de las informaciones del capítulo, el sentimiento de
"identidad" de Estela. Ten en cuenta la importancia que tienen para
ella Cataluña, España, Argentina.

1. Tabla:

Armando Lavalle: (véase 2.1)	Petra Puigbó: (véase 2.1)
• lugar de nacimiento: Buenos Aires, Argentina	• lugar de nacimiento: Barcelona, Cataluña
• afición: fútbol	• trabajo: secretaria en la Embajada de España en BsAs hasta que se casa; después: ama de casa
• profesión: hombre de negocios	

• A mitad de los años 70: se casan
• 2 hijas: Estela y Alexandra
• 1982: la familia abandona la Argentina y se instala en Barcelona

2. Posible comienzo del diálogo: Amiga: ¿Qué tal la familia?
Petra: Bien. Estela ya tiene novio, ¿sabes?
Amiga: ¡No me digas! ¿Cuántos años tiene?
Petra: 19. Ya es mayor de edad, fíjate.

3. Estela está arraigada en su ambiente barcelonés, catalán y español.
Sin embargo, la fascina todo lo que tiene que ver con la Argentina, el
país en que nació. Ya no recuerda mucho de la Argentina, pero le
gustaría volver para conocerla.

Capítulo 10:

Aufgabe 1 wird im Unterrichtsgespräch bearbeitet. Dabei ist herauszustellen, dass Petra, anders als sonst für sie typisch, sehr bestimmt auftritt und keine Gegenrede duldet. Der innere Monolog (Aufgabe 2), der in einer Gruppenarbeit verfasst werden kann, bündelt die Erkenntnisse zu Aufgabe 1. Ferner kann das politische Engagement Estelas mit zur Erklärung für ihr Misstrauen gegenüber den Worten ihrer Mutter angeführt werden. Die vorgetragenen und im Plenum kommentierten Ergebnisse zeigen auch Estelas Selbstbild auf, womit ein Übergang zu Aufgabe 3 möglich wird.

1. Analiza la manera de contestar de Petra Puigbó a las preguntas insistentes de Estela. ¿Cómo defiende a su marido?

2. Imagina un monólogo interior de Estela al escuchar a su madre.

3. Si su madre es "Una mujer de antes, hogareña y familiar. Ideal para los Armando Lavalle del mundo." (p. 59). Comenta cómo se ve Estela a sí misma y a su madre.

1. Petra defiende a su marido y no acepta que Estela lo acuse o hable mal de él. Lo presenta como buen marido y padre que siempre trabaja por el bien de la familia. Es radical y tiene ideas que caracteriza como anticuadas, pero que son suyas y a ella hay que aceptarla tal como es. Si no, no sería una actitud democrática. Justifica por qué no habla nunca de su pasado en la Argentina refiriéndose a los tiempos duros en la dictadura. En caso de una huelga la familia tiene recursos económicos.

2. Posible comienzo: No entiendo por qué mamá no quiere hablar francamente. Hay algo que nos esconde. Pero, ¿qué puede ser? ¿Por qué no quería explicar por qué papá ha hablado de "limpiar"? …

3. Estela no quiere vivir como ama de casa sino que quiere participar en el mundo laboral. No quiere ser sumisa, solícita y entregada, sino libre y emancipada, lo que no excluye que piense vivir con Miguel.

Mögliches Tafelbild:

Cómo Estela ve…

…a su madre (cf. p. 59)

- sumisa
- solícita
- entregada
- dispuesta a sacrificarse
- hogareña y familiar
- una mujer de antes
- ideal para un marido dominante

…a sí misma (cf. p. 59)

- es el contrario de su madre
- no desea ser como su madre
- quiere irse de casa
- quiere emanciparse
- quiere vivir con Miguel, pero no como sus padres

1.3 Foto "Madres": "asesinos sueltos"

Die Präsentation des Fotos (*Copia 3*) kann zusätzlich als Folie über OHP erfolgen. Auf diese Weise wird die Aufmerksamkeit des Kurses auf einen Punkt fokussiert, was einer Erarbeitung im Plenum entgegenkommt. Die Aufgaben steuern das Unterrichtsgespräch von der Beschreibung bis zur Kommentierung.

1. Estudia y describe la foto (*copia 3*).
   a) ¿Contra quiénes se dirigen las mujeres con sus pancartas?
   b) ¿Qué quieren lograr con su manifestación?

2. Discutid si es probable que las mujeres consigan algo con su protesta.

Erwartungshorizont:

1. Es una manifestación. Un grupo de mujeres con pañuelos blancos está en la primera fila llevando pancartas con los nombres de militares ("coronel", "general"…) y, además, dos fotos de dos hombres de mediana edad. En cada pancarta están escritas las palabras: "asesinos sueltos".
   a) Los militares son los responsables de unos crímenes muy crueles y atroces: son los torturadores y asesinos de miles de personas durante la dictadura militar argentina, tal vez familiares de las mujeres, o sea, hijas, nietos, maridos…
   b) Quieren lograr que se abran las vistas y se juzgue a los militares; reclaman justicia.

2. selbstständige Lösungen

1.4 Aspectos importantes en la primera parte de la novela

Die Lösung der folgenden Aufgabenstellungen bezieht sich auf den gesamten ersten Teil des Romans. Durch sie sollen die zuvor in den einzelnen Kapiteln erarbeiteten Ergebnisse gefestigt, gebündelt und erweitert werden. Alternativ zum vorgeschlagenen Vorgehen könnten längerfristige Beobachtungsaufträge zu Beginn der Lektüre arbeitsteilig für die verschiedenen Figuren verteilt werden. Die Ergebnisse werden auf Folie festgehalten und in einem zusammenhängenden Vortrag präsentiert. Die Zusammenschau der Ergebnisse im anschließenden UG ergibt ein vertieftes Verständnis für die Handlungsweisen der Personen.

1. Caracteriza a tu protagonista elegido. Fíjate en los capítulos y las páginas indicados.
   - Armando Lavalle: (capítulos 3, p. 21, ss.; cap. 6, p. 36, ss.; cap. 8, p. 43, s.; cap. 9, p. 50, ss.; cap. 10, p. 57, ss.)
   - Petra Puigbó: (cap. 9, p. 54, s.; cap. 10, p. 59)
   - Alexandra: (cap. 1, p. 10, ss.; cap. 3, p. 24; cap. 6, p. 38, ss.; cap. 8, p. 46, ss.)
   - Estela: (p.ej. cap. 3, p. 24; cap. 4, p. 28; cap. 5, p. 31; cap. 9, p. 5)
   - Sobre la familia: (cap. 7, p. 43, s.)

	Armando Lavalle	Petra Puigbó	Alexandra	Estela	La familia
rasgos físicos					
manera de hablar					
caracterización im- plícita/ explícita					

2. Ausgehend von den Ergebnissen zu Aufgabe 1 ergibt sich die Möglichkeit, den *ambiente predominante* mit dem Focus
   - relación entre Estela y Miguel
   - relación entre Estela y sus padres
   - relación entre Estela y Alexandra
   zu besprechen.

Mögliche Lösungsansätze:

1. Rasgos característicos: véase tabla (p. 8/9).

2. En la relación entre Estela y Miguel reina una atmósfera de amor, confianza mutua y armonía. Entre Estela y sus padres a veces hay tensiones, aunque la relación, en general, es positiva. Alexandra es la hermana menor y Estela la trata como si tuviera que educarla pero también protegerla ante la actitud, a veces demasiado severa, de sus padres.

Módulo 2
Los desasosiegos de Estela
(capítulos 11–19; pp. 63–116)

In den diesem *Módulo* zugrunde liegenden Kapiteln wird Estela mit ihrer Herkunft konfrontiert. Sie informiert sich daraufhin über die soziopolitischen Zusammenhänge Argentiniens, mit denen auch ihr eigenes Schicksal eng verknüpft zu sein scheint.

Erneut erfolgt die Erarbeitung in einer Mischung aus einer intensiveren Analyse zentraler Kapitel im Plenum und einer globaleren Verständnissicherung der Zusammenhänge durch den bereits beim *Módulo 1* praktizierten *peritismo*: Die Erarbeitung der Kapitel 11, 15, 16, 18 und 19 soll über die Methode des Lernens durch Lehren (*peritismo*) erfolgen, die des Kapitels 17 über einen Lehrervortrag. Die Kapitel 12, 13 und 14 werden im Plenum besprochen.

Die Besprechung erfolgt in der Chronologie des Romans.

Ergänzt wird die Lektüre der Kapitel des zweiten Teils um einen Sachtext (*Embarazadas desaparecidas*) und um eine Szene aus Carlos Sauras Film *Tango*.

2.1 Las inquietudes de Estela

Capítulos 11, 15, 16, 18, 19 (peritismo):

- Todos leen los capítulos de manera global.
- Para cada capítulo, 1 ó 2 estudiantes preparan detalladamente el contenido.
- En clase, o presentan su capítulo al curso, o formulan 2 ó 3 preguntas que luego contesta el curso.
- Los peritos ayudan al curso y dirigen la clase.

Mögliche Lösungsansätze:

Cf. las tareas del peritismo en el módulo 1.

Bei den *Kapiteln 12, 13 und 14* (S. 67–81), die als Hausaufgabe gelesen werden sollen, geht es zunächst um eine inhaltliche Sicherung im Zusammenhang mit einer Steigerung der zu bewältigenden Lesemenge. Die *tablas de comprensión* (*Copia 4*) bilden die Basis für kurze Schülervorträge, durch die die Hausaufgabe bzw. das Globalverständnis kontrolliert wird. Sie dienen im anschließenden Unterrichtsgespräch aber auch als Fundament, von dem aus der Blick auf Ana und auf die Änderung im Verhältnis zwischen Estela und ihrer Tante gerichtet wird.

Capítulos 12–14: tablas de comprensión

Marca con un aspa (✓) si la afirmación es correcta o falsa. En caso de ser falsa corrígela.

I. Afirmaciones (capítulo 12, pp. 67–70)	c	f
a. Estela tiene miedo a lo desconocido.		
b. Estela y la mujer desconocida se saludan cordialmente.		
c. La desconocida es de Buenos Aires.		
d. Estela se niega a hablar con la mujer.		
e. Estela quiere saber por qué la desconocida la está siguiendo.		
II. Afirmaciones (capítulo 13, pp. 71–76)	c	f
a. Ana y Estela se sientan en la terraza de un bar.		
b. Ana es una mujer elegante.		
c. La madre de Ana se llama Graciela Mariani.		
d. Graciela era una mujer muy egoísta.		
e. Graciela se salvó colaborando con las autoridades argentinas.		
III. Afirmaciones (capítulo 14, pp. 77–81)	c	f
a. Estela acepta tranquilamente la historia de su nacimiento.		
b. Estela insulta a Ana.		
c. Estela no se parece en absoluto a la persona que según Ana es su madre.		
d. Ana inculpa al padre de Estela de haber sido miembro del ejército argentino y de haber asesinado a Graciela.		
e. Estela es sacudida por las palabras de Ana.		

Lösungen zu *Copia 4*:

I. Kapitel 12:
a. Es correcto.
b. Es falso. Estela tiene miedo y no quiere conversar con la mujer desconocida.
c. Es correcto.
d. Es falso. En realidad quiere oír las palabras de Ana.
e. Es correcto.

II. Kapitel 13:
a. Es correcto.
b. Es correcto.
c. Es falso. Graciela es la hermana de Ana.
d. Es falso. Siempre quería ayudar a los demás.
e. Es falso. Graciela fue torturada y asesinada por los militares.

III. Kapitel 14:
a. Es falso. Estela se asusta y no quiere aceptar las revelaciones de Ana.
b. Es correcto.
c. Es falso. Se parece mucho a Graciela.
d. Es correcto.
e. Es correcto.

Für die Erarbeitung der Kapitel bieten sich die folgenden Impulse an. Die Aufgaben 1–3 werden im Unterrichtsgespräch erarbeitet. Aufgabe 4 wird in einer Stillarbeitsphase als Einzelarbeit angegangen, einige Monologe werden anschließend vorgelesen, verglichen und vor dem Hintergrund der bisherigen Romankenntnisse bewertet. Für Aufgabe 5 bietet sich erneut ein Unterrichtsgespräch an.

1. Resume el contenido de los capítulos.

2. Explica por qué al comienzo del capítulo 12 Estela tiene miedo sin saber el motivo.

3. Caracteriza a Ana Cecilia Mariani, tal como se presenta en los capítulos.

4. En un monólogo interior, Estela reacciona a las revelaciones de Ana en el capítulo 14. Redacta este monólogo.

5. ¿Qué importancia tendrán estos capítulos en la novela? Responde de manera hipotética.

1. Véase tabla (p. 9/10).

2. Otra vez se trata de un sentimiento visceral que no se puede explicar lógicamente, pero que tiene un efecto enorme en Estela. Este miedo difuso es reforzado por la expresión en la mirada de la mujer desconocida. Probablemente Estela sienta que su destino tiene que ver con esta mujer.

3. Ana es una mujer frágil pero resuelta que sigue su meta sin desvíos pero lo hace con mucha comprensión y sensibilidad.

4. Posible comienzo: Pero ¿qué quiere esta loca? ¿Qué me está contando? ¿Por qué se mete en los asuntos de mi familia e insulta a mi padre? ¿Y si fuera verdad lo que dice? ¿Quién sería yo entonces?…

5. Estos capítulos inician un cambio en la vida de Estela que va a tener que aceptar que Ana dice la verdad. Tendrá que reorganizar su vida, quizás abandonar a su familia, que ya no es suya.

Das *Kapitel 17* (S. 97–105) wird als zusammenfassender Lehrervortrag präsentiert. Die Lernenden sollen anhand der *tabla de comprensión* (*Copia 5*) ihr Hörverstehen nachweisen (Aufgabe 1) und das Verstandene in eigenen Worten wiedergeben (Aufgabe 2). Dabei verwenden sie die Tempora der Vergangenheit. Der abschließende Dialog (Aufgabe 3; Textsortenwechsel) wird in Partnerarbeit erstellt, dann im Plenum vorgelesen und von der Lerngruppe im Hinblick auf Stimmigkeit, Grad der Vollständigkeit und sprachliche Variabilität sowie Sprachrichtigkeit kommentiert.

Lehrervortrag (Zusammenfassung Kapitel 17):

Después de despedirse de Modesto, Estela va a ver a su abuela. Ésta se alegra verla, sobre todo porque su nieta no pasa por su casa muy a menudo. Después de charlar un rato sobre la lectura de la abuela y sobre el futuro de las nietas – la abuela desea que se casen mientras viva – la conversación se centra en el pasado de la madre de Estela. Ésta había tenido novio en Barcelona, pero cortaron después de un par de años y Petra abandonó España para vivir en la Argentina, donde conoció al padre de Estela. Se casaron. La abuela cuenta que el padre de Estela era militar, lo que sorprendió a Estela que había creído que tenía una empresa. Armando tuvo que abandonar el país y la familia se instaló de nuevo en Barcelona. Antes, Petra había escrito a la abuela para anunciarle el nacimiento de su hija. Como la anciana todavía guarda esta carta, se la enseña a Estela que la lee y se da cuenta de que no había ninguna comunicación del embarazo, sino que por primera vez se menciona a Estela después de su nacimiento.

Lösungsvorschläge zu *Copia 5*:

1. 1B; 2A; 3C; 4A; 5B; 6A; 7C; 8B

2. ähnlich wie der Lehrervortrag

3. *Möglicher Beginn:*
Estela: Hola, abuela.
Abuela: Estela, ¡qué alegría verte! Es que no pasas muy a menudo por aquí.
Estela: Sí, por desgracia. Pero tengo que estudiar tanto.
Abuela: ¿Ya tienes novio?
etc.

Capítulo 17: tabla de comprensión

1. Después de despedirse de Modesto	Estela vuelve a casa.	A
	Estela va a ver a su abuela.	B
	Estela va a ver a su novio.	C

2. La abuela se alegra	porque no ve muy a menudo a su nieta.	A
	y la invita a cenar.	B
	y las dos ven un programa en la tele.	C

3. La abuela desea que	sus nietas se casen a los 31 años.	A
	sus nietas no busquen novio sin preguntarla a ella.	B
	sus nietas se casen mientras viva ella.	C

4. La madre de Estela abandonó España por	un amor infeliz.	A
	su carrera profesional.	B
	una riña con la abuela.	C

5. El padre de Estela era	empresario.	A
	militar.	B
	campesino.	C

6. La familia abandonó la Argentina, porque	Armando tuvo que irse del país.	A
	veían mejores condiciones de negocio en España.	B
	la abuela quería que volvieran.	C

7. La abuela le muestra una carta a su nieta	que habla del embarazo de Petra.	A
	en que Petra anuncia su retorno.	B
	que anuncia el nacimiento de Estela.	C

8. Estela se sorprende, porque	su madre no parecía alegrarse sino que reaccionó de manera indiferente.	A
	no había ningún aviso del embarazo de Petra y que no mencione a Estela antes de su nacimiento.	B
	no comprende que su abuela guarde estas viejas cartas que ya no tienen importancia.	C

1. Marcad las soluciones correctas.

2. Volved a contar el contenido del capítulo a partir de estas soluciones.

3. Partiendo de las tareas 1 y 2, escribid un posible diálogo entre Estela y su abuela. Trabajad en grupos.

2.2 Zusatzmaterial: *Embarazadas desaparecidas*

Die folgende Kopiervorlage (*Copia 6*) besteht aus einem Lückentext und einer Aufgabe zur Spracharbeit. Weitere Aufgaben dienen der inhaltlichen Sicherung und der Einordnung in den Roman.

Lösungen zu *Copia 6*:

1. Entre las miles de personas desaparecidas, se encontraban cientos de mujeres embarazadas. Algunas fueron asesinadas antes de dar a luz, pero a muchas otras se les permitió permanecer vivas hasta que naciera su bebé. Aunque algunos de estos bebés fueron dados a sus familiares, muchos otros les fueron robados a sus madres y dados a familias militares o amigas de militares para criar como sus propios hijos. Las Abuelas de Plaza de Mayo buscan a sus nietos desaparecidos, y han podido reunir a muchos de ellos con sus familias de sangre.
Los niños ya no son tan chicos, tienen de 24 a 29 años. Pero sus abuelas, y otros parientes, siguen tratando de encontrarlos. Los quieren, los necesitan.
Por favor visitá las páginas de las mujeres embarazadas desaparecidas. Mirá las fotos de cuando eran chicas, fijate si te hacen acordar a alguien que tenga más o menos la edad que tendría el bebé. Si pensás que conocés a alguien que pueda ser uno de estos bebés, o vos mismo/a tenés dudas sobre tu identidad, por favor ponete en contacto con las Abuelas.

http://www.desaparecidos.org/arg/victimas/

2.

Familia	Peligro
abuelas; bebés; contacto; criar; dar a luz; embarazadas; encontrarlos; identidad; naciera; nietos; parientes; sangre	desaparecidas; militares; robados; sangre; asesinadas

 Die folgenden drei Aufgaben sind die Grundlage für ein Unterrichtsgespräch zu diesem Zusatzmaterial.

1. Vuelve a leer el texto y busca lo que se dice de las víctimas y las Abuelas de la Plaza de Mayo.

2. Explica la función del último párrafo en el contexto de la problemática.

3. Compara el contenido de este texto con el del capítulo 14.

1. Las Abuelas buscan a sus nietos desaparecidos para reunirlos con sus familias de sangre. Las víctimas fueron robadas a sus madres después de haber nacido. Las madres fueron asesinadas a continuación y sus bebés fueron entregados, por ejemplo, a familias de militares.

2. Apelan a los lectores del artículo que tomen parte en la búsqueda y se pongan en contacto con las Abuelas.

3. El capítulo de la novela da un ejemplo de los casos mencionados en el artículo: Habla de una de los desaparecidos, de un ejemplo de las adopciones forzosas y de los intentos de Ana de volver a encontrar a su sobrina, hija de una torturada y asesinada por las fuerzas armadas.

Embarazadas desaparecidas

Entre las miles de personas _____, se encontraban cientos de mujeres

_____. Algunas fueron _____ antes de_____, pero a muchas

otras se les permitió permanecer vivas hasta que _____ su bebé. Aunque algunos de

estos _____ fueron dados a sus familiares, muchos otros les fueron

5 _____ a sus madres y dados a familias _____ o amigas de militares para

_____como sus propios hijos. Las Abuelas de Plaza de Mayo buscan a sus

_____ desaparecidos, y han podido reunir a muchos de ellos con sus familias de

_____.

Los niños ya no son tan chicos, tienen de 24 a 29 años. Pero sus _____, y otros

10 _____, siguen tratando de _____. Los quieren, los necesitan.

Por favor visitá las páginas de las mujeres embarazadas desaparecidas. Mirá las fotos de cuando

eran chicas, fijate si te hacen acordar a alguien que tenga más o menos la edad que tendría el

bebé. Si pensás que conocés a alguien que pueda ser uno de estos bebés, o vos mismo/a tenés

dudas sobre tu _____, por favor ponete en _____ con las Abuelas.

http://www.desaparecidos.org/arg/victimas/

1. Completa el texto con las palabras siguientes:

abuelas; asesinadas; bebés; contacto; criar; dar a luz; desaparecidas; embarazadas; encontrarlos;
identidad; militares; naciera; nietos; parientes; robados; sangre;

2. Ordena las palabras en los siguientes campos semánticos: Familia – Peligro.

Familia	Peligro
abuelas	desaparecidas

2.3 Zusatzmaterial: Una escena de la película *Tango* de Carlos Saura (capítulo 8)

Der bekannte Film entstand 1998; die Zeitangaben im Folgenden beziehen sich auf die DVD-Fassung von 1999. In dem Filmausschnitt werden, überhöht durch das Tango-Ballett, die Untaten der Militärs visualisiert. Diese sprach-lose Präsentation der Vorgänge um Folter, Mord und Unterdrückung wirkt durch ihre Bildlichkeit und durch die Musik. Die Szenenfolge verweist eindringlich auf das, was im Roman thematisiert wird. Der Filmdialog, der unmittelbar auf die Ballettszene folgt, unterstreicht die Uneinheitlichkeit, mit der aus unterschiedlichen Gründen die Dialogpartner, quasi stellvertretend für die argentinische Gesellschaft, auf die Darstellung des Unrechtssystems reagieren, und verweist damit auch auf die Brüchigkeit und Unsicherheit des Gesellschaftssystems nach der Diktatur. Es ist sinnvoll, hier auch auf filmsprachliche Mittel wie Schnitttechnik, Kameraführung, Licht etc. einzugehen; dabei ist aber der unterrichtliche Kontext, in dem die Filmszene steht, im Blick zu behalten. Dieser ist durch die folgende tabellarische Übersicht abgesichert.

a) Filmszene: Monstruosidades de la dictadura (*ballet*) (14:25–20:13)

En forma de una tabla, describe y comenta esta escena. Considera la acción, las personas, el ambiente, la música y – globalmente – los medios estilísticos de la cámara.

Acción	Personas y comentario	Música	Cámara

Mögliche Lösungsansätze:

Acción	Personas y comentario	Música	Cámara
Ballet: Soldados desfilando. Al principio sólo se ven sus siluetas.	La música anuncia el peligro antes de que la cámara muestre al grupo. La mirada va dirigida hacia las botas de los soldados, con lo cual se subraya la impresión de violencia que da el grupo. Las siluetas iniciales de la soldadesca son un signo del anonimato y de la deshumanización de la sociedad.	La música transmite una sensación de amenaza antes de que la escena empiece. Se oyen tambores, instrumentos de viento y, más tarde, también de cuerda. El carácter militar está realizado principalmente por el ritmo y la instrumentación.	La cámara toma el ángulo de visión del público en un teatro o cine. Sigue, manteniendo el plano general, los movimientos de los soldados. Durante la escena cambia a un plano corto para mostrar las botas y las caras inexpresivas de los soldados. Luego vuelve al plano general.

Acción	Personas y comentario	Música	Cámara
Fundido: Plano corto de Elena. Primero mira la cámara, después a los soldados.	Su cara está desfigurada por el miedo, su mirada expresa desespera-ción. A lo largo de toda la escena, Elena es por un lado víctima directa y por otro lado, a través de su mímica, testigo histórica.		Montaje: Plano corto. En el primer plano nos mira la cara de Elena.
Elena huye corriendo, pasa delante de coches destruidos y se acerca a una fosa común abierta, a la que unos soldados arrojan cadáveres.	Las imágenes muestran un estado de destruc-ción como aquel que provocan las guerras. A través de la falta de sentimiento de los soldados se subraya la cruel-dad del sistema.		La cámara sigue a Elena. Hay una mezcla de plano americano y plano entero, y al final tenemos un plano general.
Elena es mostrada de nuevo en un plano corto. La cámara se acerca progresivamente a su mirada desespe-rada para volver luego en un barrido a la escena de la fosa común y los cadáveres.	Los cadáveres son aparentemente en su mayoría gente joven e indican una muerte violenta.	Resalta la disonan-cia de los instru-mentos de cuerda, con lo que se acentúa acústica-mente el horror de la escena de la fosa común.	Montaje: La cara de Elena en un plano corto. Zoom hasta llegar a un plano detalle para subrayar la desesperación. Montaje: Plano entero y barrido de cámara hacia la fosa común. Zoom a los cadáveres.
Sobre un fondo con imágenes reales de la dictadura militar desfilan de a uno soldados armados de fusiles.	Por la conexión entre realidad y ficción se subraya la autenticidad de la escena de la danza.	De nuevo comien-zan el coro de mujeres y los instrumentos de viento.	Montaje: Al fondo se ven fotos históricas de víctimas. En el primer plano hay soldados. Predo-mina un plano americano.

Acción	Personas y comentario	Música	Cámara
Después de otro plano corto de la cara horrorizada de Elena, aparece la imagen de una vieja bañera oxidada llena de agua que se desborda. A continuación se muestra un plano detalle de la parte delantera de un viejo Ford.	A través del realce visual se subrayan aquí los instrumentos de la violencia y de la arbitrariedad de la dictadura militar, que ya se han convertido en símbolos de ésta. En el caso del coche se trata de un Ford con el que normalmente se llevaron a cabo los secuestros y ataques de los militares.	Estos experimentan un aumento en la intensidad...	Montaje: en el primer plano se ve la cara de Elena; plano corto. Montaje: una bañera en plano corto y plano picado. Montaje: la parte delantera del Ford en plano detalle.
Barrido de cámara: Pasando por delante de coches destruidos, soldados armados se llevan a un grupo de mujeres y niños. Elena corre en dirección contraria y es, junto con otras mujeres, rechazada por soldados. En el fondo cuelgan de un andamio cuerpos humanos desnudos que han sido torturados.	La omnipresencia de la represión militar y la arbitrariedad se subrayan. La violencia sexual es aludida en una escena de danza. Los muertos que cuelgan remiten a las torturas.	...hasta llegar a un caos, acentuado además por el ritmo irregular.	Barrido de cámara; un grupo de personas en plano contrapicado. Montaje: los soldados y Elena en un plano americano, a continuación en un plano entero.
Después de otro plano corto de su cara, en el que Elena, como antes, comenta mímicamente lo visto y lo vivido, aparece una pared iluminada de rojo, ante la cual se encuentra una fila de jóvenes que luego son ejecutados y que caen al suelo uno tras otro.	Sólo se muestran las víctimas en el segundo de su muerte. El poder destructor sigue siendo anónimo, sólo es visible a través del rojo-sangre del muro de ejecución.	Un ruido de tambores acompaña la ejecución.	Zoom: la cara de Elena en un plano corto. En un plano general se ve el grupo de personas que es fusilado.

Acción	Personas y comentario	Música	Cámara
En la siguiente escena hay una sola silla con alto respaldo bajo el círculo de luz de una lámpara que cuelga del techo. La silla es mostrada en un plano corto para pasar después a un espacio grande y vacío, en el que se encuentra la silla.	La silla simboliza la tortura inminente. A través del vacío y el color rojo dominante en la iluminación del espacio, la atmósfera produce un efecto de miedo y de amenaza.	Siguen los tambores, con lo cual la escena está relacionada con la anterior.	Plano general y montaje a un plano entero de la silla. Montaje: plano general.
Una mujer es arrastrada por tres hombres que la sientan en la silla, la torturan y la estrangulan. A continuación, otros prisioneros son sometidos a la tortura. Siguen escenas de tortura, una con Elena como víctima. La escena se diluye casi de una manera extática, evocada por la cámara blanda y el desenfoque en el movimiento. En plano corto, la cara de Elena es iluminada con tonos rojos.	El desamparo por un lado y la brutalidad abyecta por otro son subrayados por la posición de las personas: El torturador de pie en posición amenazadora, las víctimas inconscientes y humilladas en el suelo a sus pies, para después ser colgadas a las paredes. Las botas de los militares simbolizan de nuevo la represión y el abuso de poder. La embriaguez sanguinaria de los gobernantes es indicada por la iluminación y los planos de la cámara.	A los tambores se añaden trompas, aumenta el volumen de la música a lo que también contribuyen el coro de mujeres y los instrumentos de viento. El ritmo se regulariza poco a poco, se añaden los instrumentos de cuerda y el bandoneón. El coro provoca de nuevo una subida en la tensión que de repente se interrumpe y da paso a un breve silencio. Este contraste pone de relieve el efecto de…	Plano general: Perspectiva del espectador. Después: plano corto; sólo se ven los cuerpos de las víctimas y los pies de los malhechores. Montaje y plano entero. Después sigue una serie de montajes a corto plazo, desde un plano entero hasta un plano detalle. El enfoque blando subraya la impresión sanguínea.
En la escena final, los torturadores están de pie con una pose agresiva delante de Elena, la cual cae al suelo, después de haber buscado en vano protección o amparo en uno de los hombres.	Toda la escena es una apasionada acusación contra la dictadura militar.	…las campanadas al final de la escena. Estas hacen pensar en un toque de difuntos.	Plano americano; montaje y plano entero a la altura del cuerpo humano; la cámara funde en negro. Fin de la secuencia.

Fundido en negro, al que sigue una escena dialogada.

b) Dialog (s. *Copia 7*)
Vorbereitende Aufgabe:

> Los dialogantes acaban de ver esta escena. ¿Qué comentarios pueden dar?

Hier genügen blitzlichtartig einige von den Lernenden geäußerte Vermutungen (z. B.: Les gusta el escenario. No les gusta por la crueldad). Diese Einwürfe werden an der Tafel festgehalten und nach der Lektüre der Szene (*Copia 7*) im Unterrichtsgespräch verifiziert, modifiziert oder falsifiziert.

Die folgenden Aufgaben zu *Copia 7* können entweder im Unterrichtsgespräch aufgegriffen werden, oder sie bilden die *actividades* für eine Hausaufgabe, in der die Aufgabenstellung einer Klausur geübt wird. Die Ergebnisse werden dann in der Folgestunde vorgetragen und im Unterrichtsgespräch kommentiert und bewertet.

1. Comenta vuestras ideas acerca del diálogo.

2. Expón las convicciones de Mario Suárez.

3. Explica por qué Larroca y otros no quieren que se muestren las crueldades de la dictadura militar.

4. Escribe un e-mail a Mario Suárez en que o le animas en sus ideas o le pides que suavice la escena.

Mögliche Lösungsansätze:

1. Mario Suárez quiere que su producción no esconda o excluya la verdad. Quiere mostrar las monstruosidades de la dictadura militar sin ocultar nada. No teme la reacción de los todavía poderosos seguidores de la dictadura. De esta manera expone el papel que para él tiene el arte: No debe retirarse a una torre de marfil sino que debe comentar y acusar, sirviéndose de sus propios medios estéticos.

2. Larroca y otros no quieren tener problemas con militares y quieren que se olvide lo que ha pasado. Quizás temen dificultades, p.ej. económicas, quizás estaban involucrados en las "hazañas" del régimen dictatorial.

3. Verschiedene Lösungsmöglichkeiten. Z.B.: Hola Mario. Me parece bien que muestres al público las crueldades de la dictadura. Así despiertas la conciencia pública. No se debe ceder a ciertas personas que quieren impedir que se siga hablando de esta época de la Argentina. Oder: Hola Mario. ¿No crees que baste por fin? Ya no podemos cambiar los acontecimientos, así que por favor deja de confrontarnos con lo que ya es historia. Las autoridades se encargarán de eso.

Diálogo de la película *Tango* de Carlos Saura (20:14 – 22:05)

Mario Suárez: Bravo, muchachos, bravo.

Hombre 1: No me gusta. No vamos a revivir ahora lo que ha estado mirado y bien olvidado. ¿Para qué crear esta angustia? Es más, me parece muy peligroso este número para nuestro espectáculo.

5 **Mujer 1:** A mí me impresionó.

Hombre 1: Por supuesto, mujer.

Hombre 2: Quizá se podría suavizar, ¿qué le parece, Larroca?

Larroca: Yo quisiera pensarlo antes de dar una opinión. ¡Mario!

Mario Suárez: Sí.

10 **Larroca:** Bravo.

Mario Suárez: ¿Qué les pareció?

Hombre 2: El espectáculo es bueno. Nos ha gustado. Es muy impresionante.

Mujer 2: No me parece necesario un número así. Vamos a confundir al espectador. Hasta ahora le hemos dado hermosos bailes, hermosas mujeres, hermosas músicas

15 de tango. Aquí, se respira miedo, angustia. No me parece la línea más apropiada para un musical.

Mario Suárez: Forma parte de mi concepción del espectáculo.

Larroca: Mario, quizá suavizándolo un poco… No sé. Yo creo que esto va a molestarles a los militares.

20 **Mario Suárez:** Depende de qué militares. Hay una cita de Borges que me fascina. Dice: "El pasado es indestructible. Tarde o temprano, vuelven las cosas. Y una de las cosas que vuelve, es el proyecto de abolir el pasado."

Larroca: Es muy ingenioso. Pero los trapos sucios se lavan en casa.

Mario Suárez: Depende de qué trapos y en qué casa.

25 **Larroca:** Piénselo, Suárez. No nos gusta. Pero no vamos a insistir más en ello. Buenas noches.

Los demás: Buenas noches.

transcripción: K.-E. Weinstock

La prueba
(capítulos 20–27, pp. 119–158)

In diesem Teil des Romans verdichten sich Estelas Zweifel zur Gewissheit. Dossiers, die sie von Ana und Modesto bekommt, bestätigen Anas Anschuldigungen. Eine Durchsuchung von Unterlagen ihrer Adoptiveltern belegt, dass sie ein Adoptivkind ist. Sie durchlebt einen inneren Konflikt: Kann sie ihre Adoptiveltern dafür hassen?

3.1 Hacia la verdad

Die *Kapitel 20 und 21* werden im bereits beschriebenen Verfahren des *peritismo* behandelt. Wir erfahren von den Ereignissen um Estelas Geburt und vom Schicksal ihrer leiblichen Eltern (Kap. 20). Estela informiert Modesto, der ihr ebenfalls Informationen zur Militärdiktatur besorgt hat, über ihre mögliche Herkunft und über die Rolle, die ihr Adoptivvater gespielt haben soll.

Kapitel 22 (*concienciación de Estela*) wird im Plenum behandelt. Die Aufgabe 1 wird als Schülervortrag gelöst, Aufgabe 2 im Unterrichtsgespräch angegangen. Für die Bearbeitung der Aufgabe 3 wird der Kurs in zwei Gruppen eingeteilt, die sich frontal gegenübersitzen sollen. Eine Gruppe übernimmt die Rolle der Carla, die andere die der Estela. Nach einer kurzen Stillarbeitsphase, in der im Kapitel nach Gründen für das Handeln der jeweiligen Person gesucht und Strategien zur überzeugenden Wiedergabe der darzustellenden Position entwickelt werden, kommt eine Pro-und-Kontra-Diskussion der beiden Gruppen zustande. Durch das Gegenüberstellen der unterschiedlichen Positionen von Carla und Estela wird Estelas Konflikt eindringlich verdeutlicht.

1. Resume el contenido del capítulo.

2. En el capítulo se mencionan complicaciones en la convivencia en las familias adoptivas. Describe de qué conflictos puede tratarse.

3. En el capítulo se habla también de la relación entre Estela y sus padres adoptivos. Estela se pregunta si puede odiarlos.
   a) Buscad los motivos acerca de este problema que se encuentran en este capítulo.
   b) Preparad una discusión entre Carla Artés y Estela.
   c) Discutid el problema de Estela.

Mögliche Lösungen:

1. Véase tabla (p. 11/12).

2. Se mencionan dificultades de convivencia de hijos adoptivos/hijas adoptivas y sus presuntos padres. Parece que la violencia se entremete en la vida familiar y causa nueva violencia y odio, como en el caso de Carla Artés. Sin embargo, puede haber dudas en cuanto a los sentimientos, porque en los casos en que la relación entre los hijos y sus familias adoptivas es buena, éstos no llegan a odiarlas.

3. a) Estela siempre ha tenido una buena relación con sus padres adoptivos. Sin embargo, como a su padre adoptivo le acusan de haber asesinado a su madre biológica, se distancia de él. Su madre siempre ha sido una persona de confianza para Estela. Sin embargo, ha aceptado las adopciones ilegítimas sin hacer preguntas u oponerse a las condiciones en que se realizaron.

b) Una discusión puede basarse en las posturas de Carla Artés, por un lado, y de Estela, por otro.

Die Besprechung der *Kapitel 23–25* (*peritismo*) dient erneut der Sicherung der inhaltlichen Zusammenhänge: Estela steht vor Anas Haus, zögert aber, sich bemerkbar zu machen; Ana öffnet die Tür und fordert sie auf einzutreten (Kap. 23). Ana erzählt Estela weitere Details zum Verhalten ihrer Adoptiveltern. Estela versucht ihre Worte zu bezweifeln. Ana will Armando Lavalle vor Gericht bringen (Kap. 24). Estela sieht sich nicht mehr in der Lage, im elterlichen Haus zu schlafen, und übernachtet bei einer Freundin. Am nächsten Tag will sie gemeinsam mit ihrem Freund zum elterlichen Haus gehen (Kap. 25).

Die Behandlung des *Kapitels 26* (*Estela encuentra la prueba*) erfolgt wieder im Plenum. Die Aufgaben 1 und 2 werden im Unterrichtsgespräch behandelt. Der Dialog (Aufgabe 3) wird in einer Stillarbeitsphase vorbereitet, für die der Kurs in drei Teilgruppen unterteilt wird: *grupo Estela, grupo madre* und *grupo padre*. Jede Gruppe überlegt sich Argumente für die jeweils im Dialog zu vertretende Position. Die anschließend durchzuführende Dialogphase soll die Notwendigkeit für Estela unterstreichen, ihre Adoptiveltern zu verlassen.

1. Cuenta lo que Estela llega a saber del pasado de sus padres.

2. Explica la importancia del informe médico (p. 154) para Estela.

3. Redactad un diálogo entre Estela y sus padres después de llegar a saber la verdad.

Mögliche Lösungsansätze:

1. Estela llega a saber que su padre era militar, miembro del ejército. Además encuentra papeles según los que su madre es estéril, lo que prueba que ella y Alexandra son hijas adoptadas.

2. Además, el informe médico es la prueba de que Ana ha dicho la verdad.

3. Posible comienzo:
   Estela: He encontrado a una mujer que me ha dicho que vosotros no sois mis padres. ¿Qué me decís?
   Madre: Pero, ¿qué habladurías son ésas?
   Padre: No quiero oír nada de eso.
   …

Im Zentrum der Besprechung von *Kapitel 27* (*peritismo*) steht erneut die inhaltliche Sicherung. Als Titel greift *Los conflictos y las consideraciones de Estela* diesen Schwerpunkt auf.

3.2 Los desaparecidos

Mithilfe eines Sachtextes (*Copia 8*) sollen die Zusammenhänge weiter vertieft werden. Der Text beschreibt die Vorgehensweise des Militärregimes bei der Verhaftung, Folterung und Ermordung seiner Opfer. Er behandelt somit Geschehnisse, mit denen sich Estela ebenfalls konfrontiert sieht, und vertieft so die Zusammenhänge; zudem erfolgt ein sprachlicher Lernzuwachs zum Thema Militärdiktatur.

Lösungen zu *Copia 8*:

a) Es falso. Se realizaban durante la noche.

b) Es falso. Fue maltratado.

c) Es correcto.

d) Es parcialmente correcto, ya que no todos fueron adoptados.

e) Es falso. Fueron secuestrados todos los que se consideraron "subversivos".

f) Es falso. Ordenó que se les tratara con máxima violencia.

g) Es falso. La ESMA fue uno de los centros de tortura y de asesinatos.

h) Es correcto.

Die Aufgaben zu *Copia 8* werden im Plenum erarbeitet. Die Ergebnisse sollten auf Folie festgehalten werden.

1. Describe el destino de un secuestrado desde el momento del apagón.

2. Massera ordenó "responder al enemigo con la máxima violencia".
   a) Describe en qué consistía esta "máxima violencia".
   b) Busca en el texto y anota al menos 10 palabras o expresiones que caractericen la injusticia y el crimen de la dictadura militar.

Mögliche Lösungsansätze:

1. Cuando la luz se apaga, una patota entra en la casa de su víctima, la amenazan, la encapuchan, la torturan y la llevan a uno de los centros del poder donde la torturan salvajemente, la masacran y la hacen desaparecer.

2. a) La máxima violencia consiste p.ej. en la picana eléctrica, el submarino seco y mojado y otras formas de tortura. La meta es destruir a las víctimas física y psíquicamente.
   b) Palabras posibles: torturar salvajemente; detenidos-desaparecidos; secuestrados; distintas formas de represión; campo de concentración; represores; „capuchas"; centro clandestino de tortura; patota; interrogatorio;…

Los desaparecidos

Los secuestros se realizaban generalmente a altas horas de la noche por una patota (que en "ocasiones especiales" eran más de 50).

Entraban al domicilio de la persona señalada (generalmente, antes había un "apagón"), se apoderaban del señalado, lo tabicaban (le vendaban los ojos), se los encapuchaba y
5 lo torturaban delante de sus hijos (que después eran dejados con algún vecino, familiar o solos; en otras ocasiones eran llevados con sus padres a los centros clandestinos, para que después fueran adoptados por algún represor).

Luego, eran introducidos en vehículos (generalmente dentro de automóviles correspondientes a la marca Ford, modelo Falcón, de color verde), parte de ellos conseguidos en
10 los operativos de secuestro, como botín de guerra.

De allí partían hacia alguno de los centros clandestinos. Y pasaban a ser miles de hombres, mujeres y niños de distintas edades y ocupaciones, integrando una categoría dentro de la población de carácter "tétrico" llamado "los desaparecidos".

Los represores secuestraban a los que consideraban "subversivos":
15 – los que ayudaban en las villas-miseria
– los que tenían como objetivo una mejora en los salarios
– los miembros de alguno de los centros estudiantiles
– los periodistas que demostraban su desacuerdo con los represores, y hacia la represión; y eran capaces de demostrar su oposición a los hechos en un artículo periodís-
20 tico, etc.
– los psicólogos y los sociólogos, por pertenecer a profesiones "sospechosas"
– las monjas y/o sacerdotes que llevaban sus enseñanzas a las villas-miserias
– los amigos de cualquiera de todas estas personas, los amigos de estos amigos, etc.

Todas en su mayoría inocentes de cometer actos terroristas, o siquiera de compartir con
25 alguien, o pertenecer a grupos que combatían esta guerrilla.

Massera integró las brigadas operativas de secuestros, presenció torturas e interrogatorios, en apoyo a la formación del "grupo de tareas". En la inauguración del mismo, ordenó: "responder al enemigo con la máxima violencia, sin trepidar en los medios".
[…]
30 Uno de los centros del poder político en la Armada fue el campo de concentración de la ESMA (Escuela de Mecánica de la Armada), que empezó a funcionar en marzo de 1976, y aunque tuvo cambios políticos y distintas formas de represión, se clausuró en noviembre de 1983, unos días antes de asumir el gobierno constitucional.

Por allí pasaron casi 5.000 detenidos-desaparecidos, y junto con el "Campo de mayo",
35 fue uno de los mayores centros clandestinos de tortura.
[…]
El campo de concentración funcionó en el Casino de Oficiales de la ESMA, un edificio de 3 pisos, con un altillo grande y un sótano. En el 3er piso y en el altillo se alojaba a los detenidos-desaparecidos, en habitaciones sin ventanas llamadas "capuchas".
40 En la planta baja estaba el Salón Dorado o "el dorado", donde se instaló la sección de inteligencia del G.T 3.3 (el acceso a ese sector era restringido como la sección de "los jorges", oficinas de algunos oficiales del grupo). En el sótano estaban la enfermería, un laboratorio fotográfico y varias salas de torturas.

Los interrogadores torturaban salvajemente a los secuestrados atados a elásticos metá-
45 licos. Con la picana eléctrica, los golpes brutales, el "submarino seco", el "submarino mojado", y los simulacros de fusilamiento, buscaban no sólo obtener información sino destruir a los detenidos-desaparecidos física- y psíquicamente.

www.monografías.com/trabajos10/mili/mili.shtml

---

patota (lunfardo) *Bande, Gruppe*

apagón (m) *Stromausfall*
tabicar *vendar (verbinden)*

tétrico *finster*

Emilio Eduardo Massera *Admiral, Mitglied der Militärjunta*
trepidar *(ängstlich) zögern*

altillo *Dachboden*

¿Correcto o falso? Si es falso, da la solución correcta.

	c	f
a) Los secuestros se realizaban durante el día.		
b) El señalado y su familia fueron tratados muy amablemente.		
c) Se los introdujo en vehículos para llevarlos a los centros clandestinos.		
d) Sus hijos a veces fueron adoptados por los agresores.		
e) Fueron secuestrados sobre todo comerciantes y tenderos.		
f) El almirante Massera ordenó que trataran a los presos siguiendo las normas de la Convención de Ginebra.		
g) En la ESMA se curaron y recuperaron los secuestrados, antes de volver a su vida diaria.		
h) Los interrogadores torturaban a los secuestrados para destruirlos física- y psíquicamente.		

3.3 Reacciones a los crímenes de las fuerzas armadas

Für die Besprechung der beiden Sachtexte (*Copias 9, 10*) wird der Kurs in zwei Gruppen eingeteilt. Jede Gruppe bearbeitet einen der Texte anhand der Aufgabenstellung und teilt die Ergebnisse der anderen Gruppe mit. Gegenseitige Rückfragen, die von den Gruppen zu erarbeiten sind, sichern das Verständnis. Die Vorbereitung der Texte kann in arbeitsteiliger Hausarbeit erfolgen.

Mögliche Impulse zu *Copia 9* (Gruppe 1):

1. Describe de qué se les acusa a los militares.

2. Describe cuáles son los rasgos predominantes de la dictadura militar.

3. Enumera los crímenes cometidos por los militares que culminan en la acusación de genocidio.

4. Analiza la posición del autor frente a la dictadura militar, basándote en palabras o expresiones clave del texto.

5. Formulad cinco preguntas acerca de vuestro texto que vais a hacer al otro grupo.

1. Se los acusa de rebelión, de instaurar una dictadura militar y de persecución y exterminio de personas que lucharon por su libertad y dignidad.

2. Los rasgos predominantes son la crueldad, que se manifestó en "el período más nefasto de la historia argentina", los secuestros, la desaparición de personas.

3. El texto habla de secuestros, de tortura, asesinatos, violación, robos, desapariciones forzosas,…

4. El autor acusa al régimen mediante comentarios personales incluidos en su texto, como p.ej. "delito"; "feroz"; "nefasto"; etc. y la conclusión de que se trataba de un "genocidio". De esta manera el autor se solidariza con las víctimas.

5. Da die Fragen nicht vorgegeben werden können, seien hier nur ein paar Möglichkeiten angeführt:
   - ¿De qué se acusa a los militares?
   - ¿Cómo queda calificada la dictadura en el texto?
   - ¿De qué crímenes habla el texto?
   - ¿Cómo vemos que el autor se solidariza con las víctimas?
   - ¿Qué tiene que ver la familia de Estela con estos crímenes?

Un genocidio

Como es de público conocimiento, el día 24 de marzo de 1976, las fuerzas armadas, policiales y de seguridad, consumaron el delito de rebelión, deponiendo a los funcionarios en ejercicio de sus funciones e instaurando un periodo de dictadura militar, que se caracterizó por la feroz persecución y exterminio de todos aquellos que no resignaron
5 su dignidad y se opusieron tenazmente a la injusticia y a la opresión.

Sin olvidar otros trágicos acontecimientos en represiones militares policiales, como la semana trágica de enero de 1919[1], que dejó un saldo de setecientos muertos, dos mil heridos y treinta mil detenidos, con la dictadura militar de 1976, se inició el período más nefasto de la historia argentina, donde se secuestró personas en estado de absoluta
10 indefensión; se torturó hasta la muerte en los lugares de reclusión de víctimas, que totalizaron 340 centros clandestinos que funcionaron en todo el país; se asesinó sin distinción de sexo ni de edad (niños, ancianos, hombres y mujeres) se violó a mujeres embarazadas; se secuestró niños nacidos durante el cautiverio de sus padres; se falsificaron partidas de nacimientos; se robaron las pertenencias de las víctimas; etc., se llevó
15 a cabo por primera vez, de modo sistemático y en gran escala, la desaparición forzada de personas. Fue en suma el genocidio.

http://www.madres.org/asociacion/noticia/veruniv_paso.asp

---

[1] En la semana trágica de enero de 1919 fue reprimida por la policía y grupos de la extrema derecha una huelga de obreros metalúrgicos en Buenos Aires. Hubo entre 700 y 1.000 muertos y más o menos 4.000 heridos. Para más informaciones: http://es.wikipedia.org/wiki/Lista_de_masacres_en_la_Argentina_%28Siglo_XX%29

Mögliche Impulse zu *Copia 10* (Gruppe 2):

1. Presenta por qué Walsh se ve obligado a escribir esta carta abierta.

2. Describe lo que Walsh les reprocha a los militares políticamente.

3. Enumera de qué crímenes acusa Walsh a los militares.

4. Examina la posición de Walsh frente a la dictadura militar, basándote en palabras o expresiones del texto.

5. Formulad cinco preguntas acerca de vuestro texto que vais a hacer al otro grupo.

1. Walsh es afectado personalmente por los crímenes de la dictadura por la censura, la persecución, el allanamiento de su casa, asesinatos, etc. Después de un año de tomar el poder los militares, Walsh les reprocha los crímenes que han cometido y los enumera en forma de un balance.

2. Les reprocha haber liquidado un proceso democrático después de destituir a Isabel Martínez, la viuda de Perón. En vez de volver a la democracia, han agravado los males.

3. Los acusa de terrorismo, de haber creado campos de concentración, de tortura, de fusilamientos, etc., en suma, de actuar contra los derechos humanos.

4. Walsh toma posición contra los dictadores y se basa para ello en una postura democrática. (cf. cap. 22, p. 133 de la novela).

5. Da die Fragen nicht vorgegeben werden können, seien hier nur ein paar Möglichkeiten angeführt:
   - ¿De qué se queja Rodolfo Walsh?
   - ¿Qué reprocha Walsh a los militares?
   - ¿De qué acusa Walsh a los militares?
   - ¿Qué posición toma Walsh frente a la dictadura?
   - ¿Qué tiene que ver el destino de Walsh con la historia narrada en la novela?

Rodolfo Walsh: Carta abierta a la Junta Militar (fragmento)

1. La censura de prensa, la persecución a intelectuales, el allanamiento de mi casa en el Tigre, el asesinato de amigos queridos y la pérdida de una hija que murió combatiéndolos, son algunos de los hechos que me obligan a esta forma de expresión clandestina después de haber opinado libremente como escritor y periodista durante casi treinta
5 años.

allanamiento *Durchsuchung; Hausfriedensbruch*

El primer aniversario de esta Junta Militar ha motivado un balance de la acción de gobierno en documentos y discursos oficiales, donde lo que ustedes llaman aciertos son errores, los que reconocen como errores son crímenes y lo que omiten son calamidades.

acierto *Erfolg*
calamidad (f) *Unheil*

10 El 24 de marzo de 1976 derrocaron ustedes a un gobierno del que formaban parte, a cuyo desprestigio contribuyeron como ejecutores de su política represiva, y cuyo término estaba señalado por elecciones convocadas para nueve meses más tarde. En esa perspectiva lo que ustedes liquidaron no fue el mandato transitorio de Isabel Martínez sino la posibilidad de un proceso democrático donde el pueblo remediara males que
15 ustedes continuaron y agravaron.
[…]
Quince mil desaparecidos, diez mil presos, cuatro mil muertos, decenas de miles de desterrados son la cifra desnuda de ese terror.

Colmadas las cárceles ordinarias, crearon ustedes en las principales guarniciones del
20 país virtuales campos de concentración donde no entra ningún juez, abogado, periodista, observador internacional. El secreto militar de los procedimientos, invocado como necesidad de la investigación, convierte a la mayoría de las detenciones en secuestros que permiten la tortura sin límite y el fusilamiento sin juicio.
[…]
25 Veinticinco cuerpos mutilados afloraron entre marzo y octubre de 1976 en las costas uruguayas, pequeña parte quizás del cargamento de torturados hasta la muerte en la Escuela de Mecánica de la Armada, fondeados en el Río de la Plata por buques de esa fuerza, incluyendo el chico de 15 años, Floreal Avellaneda, atado de pies y manos, "con lastimaduras en la región anal y fracturas visibles" según su autopsia. […]

http://www.patriagrande.net/argentina/rodolfo.walsh/index.htm

3.4 La dictadura en fotos

Die drei Abbildungen (*Copias 11 und 12*) zeigen zum einen die verantwortlichen Generäle der Junta und eine der berüchtigten Folterzentralen und zum anderen ein Protestplakat, das im Nachhinein die Untaten des Regimes anprangert. Die letzte Abbildung unterstreicht die Aktualität der Ereignisse, deren Aufbereitung und Verarbeitung immer noch nicht abgeschlossen ist. Ausdruck eben dieses Fortwirkens ist auch der Roman. So wird die Escuela de Mecánica (*Copia 11*) in Kapitel 20 (S. 123) als Ort von Gefangenschaft und Folter erwähnt, die drei Generäle (*Copia 12* oben) sind eindeutig als Militärs erkennbar und mit dem Unrechtsregime in Verbindung zu bringen und auf dem Plakat (*Copia 12* unten) erscheinen die *Madres de la Plaza de Mayo* neben Bildsegmenten, die Unfreiheit und Unterdrückung symbolisieren.

Die Aufgabenstellungen zu den Abbildungen werden im Plenum im Unterrichtsgespräch erarbeitet.

Aufgabe zu *Copia 11*:

Describe la foto, pensando también en la importancia que tenía este edificio durante la dictadura militar. Refiérete al aspecto, al nombre y a la función durante la dictadura.

El edificio en la foto da la impresión de un importante instituto oficial. El título "Escuela" insinúa seriedad, porque parece que es un lugar en que se aprende, en que la "Armada" apoya al pueblo. Pero era, al contrario, un lugar de horror que ha obtenido fama como centro de tortura y asesinatos.

Aufgaben zu *Copia 12*:

1. Describe la foto y la pancarta.

2. Imagina qué relación puede haber entre ambas imágenes.

1. En la foto vemos a los tres jefes de la junta militar. Se presentan de pie en un coche descapotable. La expresión de sus caras no deja ningún lugar a dudas de que no están para bromas. No parecen confiar en nadie y expresan cierta amenaza.

2. La pancarta representa la resistencia contra la represión de los militares. No se debe hablar, hay que callar ante la injusticia (en el centro). Sólo las Madres de la Plaza de Mayo (a la derecha) ofrecen resistencia. El mundo se ha conformado con la dictadura, ya que Argentina es el lugar del Campeonato Mundial de Fútbol (a la izquierda).

Un servicio educativo de

**nunca más
nunca más
1976 - 2008**

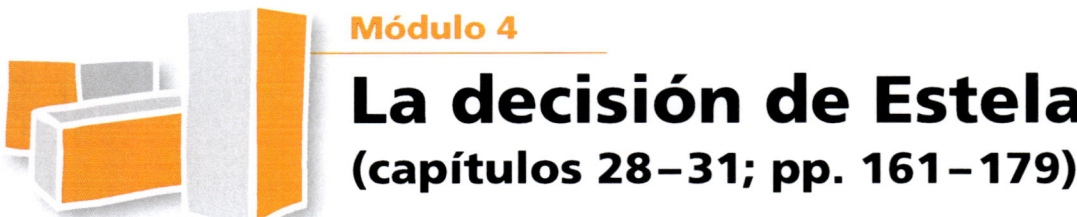

Módulo 4

La decisión de Estela
(capítulos 28–31; pp. 161–179)

Im letzten Teil des Romans muss Estela sich zu einer Entscheidung durchringen, um ihr Leben nach den Erkenntnissen um ihre Herkunft neu zu ordnen. Dabei muss sie ihr Verhältnis zu ihren Adoptiveltern differenziert betrachten, denn ihre Adoptivmutter spielt eine andere Rolle für sie als ihr Adoptivvater.
Die Kapitel dieses Teils werden alle im Plenum erarbeitet.

4.1 Hacia una nueva vida

4.1.1 La responsabilidad de Estela (capítulo 28)

In diesem Kapitel akzeptiert Estela ihre neue Rolle als Opfer der Militärdiktatur. Sie zieht daraus aber auch die Verpflichtung, das Umfeld ihrer jüngeren Schwester so lange zu schützen, bis Alexandra in der Lage ist, mit der Tatsache, dass auch sie zwangsadoptiert wurde, angemessen umgehen zu können.

Das Kapitel dient als Basis für eine explizite Textanalyse, die im Unterrichtsgespräch geleistet wird. Mögliche Impulse sind:

1. Resume el contenido del capítulo.

2. En cuanto a su familia adoptiva, explica la responsabilidad que asume Estela.

3. Analiza cómo se refleja el hecho de que Estela conozca la verdad sobre su origen en su forma de tratar a Ana.

Oder alternativ zu Aufgabe 3: Detailanalyse des Dialogs zwischen Estela und Ana (S. 162, Z. 8–27)

4. a) Explica lo que significa la primera frase de Estela para la conversación.
   b) Analiza la reacción de Ana.
   c) Expón cómo se entremezclan dolor y alegría en este diálogo.

Mögliche Lösungsansätze:

1. Véase tabla (p. 12).

2. Estela pide a su tía que no denuncie a su padre adoptivo. Quiere proteger a Alexandra que todavía no tiene la madurez para soportar la verdad sobre su origen. Se siente responsable del bienestar de su hermana adoptiva.

3. Estela la llama "tía" por primera vez. Las dos se hablan con mucha confianza y cariño. Al final se abrazan.

4. (Alternative)
a) Con esta frase Estela admite que Ana ha dicho la verdad y que es una hija adoptada.
b) Ana sabe que ha convencido a su sobrina. Es un gran alivio, ya que ha llegado el momento que ha añorado durante años. La tensión termina de golpe. Todo esto se manifiesta mediante palabras como *agotada; máxima tensión; confirmación; vencidas las dudas, las reticencias.*
c) Estela siente dolor por haber perdido el seno de la familia. Sin embargo se familiariza con la nueva situación llamando *tía* a Ana. Ésta siente haberle causado dolor a su sobrina, pero al mismo tiempo se alegra de haberla encontrado. Ana trata a Estela con mucha precaución, lo que se pone de relieve en el comentario auctorial *y la escena pareció un milagro de calma en mitad de la tempestad de sus sentidos.*

4.1.2 Estela y su madre adoptiva (capítulo 29)

Estela führt mit Petra das entscheidende Gespräch über ihre Herkunft, über die Schuld Petras, die Augen vor der Wirklichkeit verschlossen zu haben, aber auch darüber, dass sie ihre *mamá* immer lieben wird. Zum zentralen Gegenstand ihrer Vorwürfe wird ihr Adoptivvater.
Bei Aufgabe 1 soll der Handlungsgang erzählt, nicht resümiert werden. Das impliziert die Verwendung von Vergangenheitstempora. Diese Aufgabe eignet sich auch als vorbereitende Hausaufgabe. Aufgabe 2 wird in arbeitsgleicher Gruppenarbeit bewältigt. Es genügt, wenn eine Gruppe die Ergebnisse präsentiert und die anderen Gruppen ergänzende oder auch korrigierende Beiträge im sich an die Präsentation anschließenden Unterrichtsgespräch beisteuern. Eine Zusammenfassung der zentralen Analyseergebnisse soll zum Abschluss von ein oder zwei Schülerinnen/Schülern als resümierende Ergebnissicherung dargeboten werden.

1. Cuenta lo que pasa en este capítulo.

2. Analiza el diálogo entre Estela y su madre adoptiva.
a) ¿Qué le reprocha Estela a Petra Puigbó?
b) ¿Cómo se defiende Petra?
c) ¿Cómo queda representado Armando en este diálogo?

Mögliche Lösungsansätze:

1. Véase tabla (p. 12).

2. Análisis del diálogo:
a) Estela le reprocha a su madre no haberle dicho la verdad, que haya huido de la verdad durante toda su vida en vez de hacer las preguntas necesarias.
b) Petra dice que no ha podido decírselo. Que era tan feliz con ella y con Alexandra que quería creer en las palabras de su marido y no enfrentarse a la realidad en aquellos tiempos difíciles.
c) A lo largo del capítulo Armando pierde más y más su cualidad de padre y es anonimizado por el pronombre "él". Así se subraya la zanja que acaba de formarse entre Armando y Estela, para quien él es el asesino de su madre biológica.

4.1.3 Estela y su padre adoptivo (capítulo 30)

Im Gespräch mit Armando zerstört Estela dessen patriarchalische Autorität, indem sie ihn hart mit seiner Vergangenheit konfrontiert. Seine Bitten um Verständnis und um Verzeihung beantwortet sie nicht. Ob sie ihn jemals wiedersehen wird, bleibt offen; die Worte *Estela le miró por última vez* (p. 175) können sich sowohl auf die Gesprächssituation als auch auf ihr künftiges Verhältnis beziehen.

Die Aufgaben 1 und 2 werden analog zu den Aufgaben zu Kapitel 29 besprochen. Die Aufgaben 3 und 4 sind ebenfalls Gegenstand eines im Plenum geführten Unterrichtsgesprächs. Aufgabe 5 ist für eine Partnerarbeit geeignet. Die Ergebnisse werden auf Folie gesichert und präsentiert. Dabei lässt sich im Vergleich mehrerer Varianten im Unterrichtsgespräch eine Musterversion erstellen.

1. Cuenta lo que pasa en este capítulo.

2. Analiza el diálogo entre Estela y su padre adoptivo.
   a) ¿Por qué Estela anuncia a Armando que se va a vivir con Miguel?
   b) ¿Cómo reacciona Armando?
   c) ¿De qué manera cambia la actitud de Armando a lo largo del diálogo?

3. Explica los sentimientos de Estela al final del capítulo.

4. Compara y explica la relación de Estela con su madre adoptiva (cap. 29) y su padre adoptivo (cap. 30).

5. Toma apuntes en una tabla, y compara los destinos de Estela y de Carla Artés, mencionada en el capítulo 22 (p. 135). Ejemplo:

Carla Artés	Estela
dieciséis años	diecinueve años

Mögliche Lösungsansätze:

1. Véase tabla (p. 12).

2. Análisis del diálogo:
   a) Estela provoca a Armando diciendo que se va a vivir con su novio. Sabe que ya no tiene autoridad y quiere mostrarle su superioridad, adquirida a raíz de conocer la culpabilidad de su padre adoptivo.
   b) Armando reacciona con la autoridad del patriarca habitual, con derecho a dirigir la vida de su hija.
   c) A lo largo del diálogo, Armando pierde su seguridad. Primero trata de dar explicaciones que subrayen que no era el asesino de la madre biológica de Estela, que sólo cumplía órdenes. Pero al final queda derrotado, pide perdón a Estela y le implora para que no se vaya, pero todo es en vano.

3. Estela todavía no sabe qué sentir. Por el momento, ha aclarado su situación, ya no hay más mentiras. Sabe que no podrá odiar ("No era Carla Artés"). Pero parece que no va a volver a ver a Armando.

4. Petra, en cierto modo, también es víctima. Su culpa es más bien pasiva. Siempre se ha portado como una verdadera madre con Estela,

lo que ha causado confianza y un sentimiento de amparo y también amor. Armando tiene la culpa de haber participado en torturas, asesinatos y robos de niños. Su culpa es activa. En la familia siempre ha quedado más a distancia de sus hijas adoptivas, nunca hubo un grado de confianza como entre madre e hijas. Mientras Petra seguirá siendo "madre" para Estela, Armando nunca más volverá a ser su "padre".

5. Tabla:

Carla Artés	Estela
• dieciséis años • en búsqueda de desaparecidos e hijos de desaparecidas • pesadillas desde la infancia • parcialmente sorda tras una paliza de su presunto padre • castigada muy a menudo • azotada por su presunta madre • su padre adoptivo: asesino de su madre verdadera • llega a saber de su origen después de reconocerse en una foto en la TV • detención de sus padres adoptivos • vive con su abuela	• diecinueve años • infancia agradable y protegida • no puede odiar a sus padres adoptivos • los ha querido durante toda su vida • nunca ha sido castigada o pegada • no quiere borrar los años buenos • pero no puede olvidar • no sabe si puede perdonar un día • siente responsabilidad por su hermana

4.1.4 La despedida y el comienzo de una nueva vida (capítulo 31)

Estela verabschiedet sich von ihrer Schwester, die nicht versteht, warum sie das Elternhaus plötzlich verlassen will. Estela denkt an die Möglichkeiten, mit ihrer Schwester und Adoptivmutter Kontakt zu halten, und bricht mit Miguel in ihr neues Leben auf.

Aufgabe 1 kann als vorbereitende Hausaufgabe gestellt werden. Alternativ dazu kann das Kapitel in der Unterrichtsstunde gelesen werden, um anschließend im Unterrichtsgespräch auf die Geschwisterbeziehung einzugehen. Die *actividad después de la lectura* (Aufgabe 2) eignet sich für eine Partnerarbeit, deren Erträge vorgelesen und im Hinblick auf ihre Wahrscheinlichkeit und unter Berücksichtigung der bekannten Wesensmerkmale Alexandras vom Plenum kommentiert werden.

1. Describe la relación entre Estela y Alexandra.

2. Continúa la novela:
- Alexandra tiene 19 años y llega a saber que es hija adoptiva. En un diálogo con Estela, trata de comprender su nueva situación.
- Fíjate en las diferencias de carácter de ambas chicas.

Mögliche Lösungsansätze:

1. Las dos chicas se quieren como buenas hermanas. Alexandra será siempre "su hermana menor". Estela siente la responsabilidad que tiene por ella. Le es difícil separarse de ella, pero tiene que seguir su propio camino, aunque sin abandonarla. Alexandra admira a su hermana mayor que ya es tan independiente como ella desea serlo.

2. Posible comienzo:

Alexandra: Fíjate de qué me di cuenta: Nuestros padres en realidad no son nuestros padres.

Estela: Yo ya lo sabía. Por eso me fui de casa.

Alexandra: ¿Y por qué no me has dicho nada? ¿Te ha gustado mentirme?

Estela: No quería mentirte, pero eras todavía muy joven…

Alexandra: Yo ya era más madura de lo que tú te imaginabas. Pero siempre tenías que decidir todo por mí…

4.2 Sting: *Ellas bailan solas* (p. 181)

In dem Song von Sting, dessen Text dem Roman nachgeschaltet ist, wird der Kampf der *Madres de la Plaza de Mayo* heroisiert. Der Tanz, der eines Tages Ausdruck von Freiheit werden soll, ist zugleich Ausdruck der Solidarität von Sänger und Publikum mit dem Anliegen der *Madres*.

Aufgabe 1 wird im Plenum bearbeitet. Die Aufgaben 2 und 3 sind Gegenstand einer arbeitsteiligen Gruppenarbeit, deren Erträge nach einer entsprechenden Würdigung im Plenum für die *reseña* (Aufgabe 4) nutzbar zu machen sind.

1. Al final de la novela encuentras la letra de una canción de Sting (*Ellas bailan solas*). Explica cuál es el mensaje de esta canción.

2. Analiza lo que tienen en común el caso de Estela y el mensaje de Sting.

3. A lo largo de la novela tropiezas con una serie de comentarios autoriales que se refieren a Estela. Busca algunos y explica qué función tienen en el contexto de la historia contada.

4. Escribe una reseña de la novela.

Mögliche Lösungsansätze:

1. La canción es un homenaje a las Madres de la Plaza de Mayo. Empieza con tres preguntas sobre los grupos que se oponen en esta canción: Las mujeres y los militares. Mientras que los rostros de las mujeres reflejan su tristeza, los soldados son figuras sin sentimientos, sin alma (→ piedras). Las mujeres bailan solas, es decir les falta la otra mitad en el baile. Permanecen mudas, su grito se refleja en sus rostros, porque si dijeran algo, también desaparecerían y serían torturadas. Los desaparecidos son sus amores muertos que añoran, sus padres, hijos y sus maridos. Lo que queda es la esperanza (→ futuro: bailaremos) de volver a tener su libertad y su alegría. Con la primera persona del plural Sting expresa su solidaridad con las Madres de la Plaza de Mayo.

2. Estela también es víctima de la tiranía. Como las Madres, espera volver a obtener su paz y un modo de vivir sin el peso de "sus cadenas" (p. 175).

3. Se trata de comentarios como "Era como si estuviese ante un espejo." (p. 69) durante el primer encuentro de Estela y Ana. Normalmente estos comentarios aluden a los sentimientos de Estela cuando se ve confrontada con un pasado que todavía no conoce pero que forma parte de su vida. Son previsiones de la acción o aclaran el estado mental de la protagonista.

4. Posible comienzo: La novela "La memoria de los seres perdidos" de Jordi Sierra i Fabra se dedica al tema de los niños forzosamente adoptados por los torturadores o seguidores de la dictadura militar en Argentina. El caso de una joven catalana de origen argentino sirve de ejemplo para acusar a la tiranía y solidarizarse con los oprimidos y con organizaciones que se dedican a aclarar el destino de desaparecidos y sus familiares.

4.3 Juicio histórico

Ein abschließender Zugriff auf das Thema der Zwangsadoptionen erfolgt durch den Bericht zu einem Prozess um eine Zwangsadoption (*Copia 13*). Die Ausgangslage ist ähnlich der der leiblichen Eltern von Estela, auch hier geht es um Folter von Schwangeren, denen schließlich ihr Kind entrissen wird. Anders als im Roman, in dem offen bleibt, ob Armando Lavalle der Prozess gemacht werden wird, stehen hier die mutmaßlichen Täter als Angeklagte vor ihrem Richter. Das Thema soll mithilfe dieses Berichts zu einem Rollenspiel „Vor Gericht" verarbeitet werden, wodurch auf der Basis der in der Reihe erworbenen Kenntnisse umfassend und differenziert der Frage nach den *seres perdidos* nachgegangen wird.

Der Text sollte in arbeitsteiliger Gruppenarbeit bearbeitet werden, in der verschiedene Schülergruppen den drei unterschiedlichen Personen(gruppen) des Textes zugeordnet werden. Das Rollenspiel ist ein weiteres Element, um der Abschlussbesprechung, die in einem in Kreisform sitzenden Plenum stattfinden kann, den notwendigen Tiefgang zu verleihen.

En el texto se habla de las (los) siguientes (grupos de) personas:

→ María Eugenia Sampallo Barragán

→ Ana María Careaga; Gustavo Hernán Rojas; Emerlides Gerardina Sampallo

→ Enrique Berthier; María Cristina Gómez Pinto; Osvaldo Rivas

A. Formad tres grupos.
1. Cada grupo se dedica a una persona o a un grupo de personas, respectivamente. Sacad todas las informaciones del texto acerca de vuestra persona/vuestro grupo de personas.
2. Preparad una presentación o mediante una transparencia o mediante powerpoint/keynote y presentad vuestros resultados al curso.

B. Tribunal:
1. Preparad un juicio en que aparecen estas personas. Además de estas personas necesitáis un juez/una jueza, un/una fiscal, uno/una o dos abogados/as.
2. Presentad este juicio al curso.

3. El curso toma apuntes de la presentación y transforma sus observaciones en un artículo para un periódico.

C. Finalmente, comparad este artículo y los resultados de vuestro juego de roles con la novela. Tened en cuenta también los resultados que habéis obtenido a la largo de la novela.

Beispiele für Rollenkarten:

El juez/la jueza:
- abrir la vista y decir por qué están reunidos (*Estamos aquí para procesar a Enrique Berthier, María Cristina Gómez Pinto y a Osvaldo Rivas acusados de haber participado en la sustracción de la niña de sus padres biológicos y de haber participado en su ocultación y retención.*
- interrogar a los acusados (*¿Cómo se llama usted? ¿De dónde es? etc.*)
- dar la palabra a los testigos/al abogado/la abogada/al fiscal (*Llamo al testigo XY...*)
- preparar una serie de preguntas sobre los acontecimientos (*p.ej ¿Por qué han retenido a la niña? Testigo XY, ¿conoce usted a los acusados?, etc.*)

El abogado/la abogada:
- pedir la palabra/explicar los motivos de los acusados/realzar la situación política en que se hallaban los acusados/comprensible que cumplieran con los mandamientos de sus jefes
- dirigirse al público queriendo ganarse su simpatía
- discurso de la defensa

La/el fiscal:
interrogar a los acusados y a los testigos; alegar para castigar a los acusados; probar su culpa

---

Mögliche Lösungsansätze:

A. 1. María fue adoptada por una familia adicta al régimen militar. Después de una serie de mentiras, se enteró de su origen gracias a las Abuelas de Plaza de Mayo y un ADN. Ana María, Gustavo y Emerlides son testigos en el juicio y fueron también víctimas de los militares durante la dictadura. Los otros tres son acusados de haber falsificado la identidad de María y de haberla robado.

B. El artículo refleja una vez más la autenticidad y la actualidad de la historia contada en la novela, poniendo de relieve que el ejemplo ficticio podría ser real.

Juicio histórico: Más testigos en el juicio de la joven que acusó a sus apropiadores

Tras el conmovedor testimonio de la mujer, declararon otras tres personas

Pocos días después de conocer detalles escalofriantes de la infancia y adolescencia de María Eugenia Sampallo Barragán junto con el matrimonio que se apropió de ella durante la última **dictadura**, los jueces del Tribunal Oral 5 de la Ciudad escucharon hoy
5 tres nuevos testimonios en el juicio que se sigue contra la pareja y un militar. Se trata de Ana María Careaga, Gustavo Hernán Rojas y Emerlides Gerardina Sampallo. Todos ellos son testigos de la querella. La primera mujer estuvo detenida, igual que la madre de María Eugenia, en el centro clandestino de detención conocido como Club Atlético, aunque unos meses antes que ella. También estaba embarazada y describió a los jueces
10 los malos tratos que sufrió durante su cautiverio. El hombre es hermano de la joven y Sampallo su tía paterna. En el juicio están acusados el ex capitán Enrique Berthier, María Cristina Gómez Pinto y quien fue su pareja, Osvaldo Rivas, quienes criaron a Sampallo desde niña.

Versiones. A lo largo de su infancia, María Eugenia, que finalmente aclaró las dudas
15 sobre su identidad en 2001 tras acercarse a las Abuelas de Plaza de Mayo y practicarse un ADN, escuchó varias versiones acerca de sus orígenes. A los ocho años se enteró de que no era hija biológica de quienes la criaban. En una solemne reunión, le contaron que sus padres habían muerto en un accidente. Un año después, llegó la segunda versión: que era hija de una empleada doméstica de la familia. Que era hija extramatrimo-
20 nial de una azafata fue otra de las versiones que escuchó antes de cumplir los 12 años. Finalmente, le dijeron que la habían adoptado cuando Berthier les avisó que había un bebé abandonado en el Hospital Militar.

Cargos. A Rivas y Gómez Pinto se les imputa haber participado en la sustracción de la niña de sus padres biológicos y de haber participado en su ocultación y retención.
25 También se los acusa de haber participado en la falsificación ideológica de la partida de nacimiento con la que inscribieron a María Eugenia como su hija biológica y con la que se obtuvo su documento nacional de identidad falso. Berthier está acusado de los mismos delitos, a los que se suma el de haber participado en la falsificación del certificado de nacimiento suscripto por el médico militar Julio César Cáceres Monie.
30 **Pionero.** El Tribunal Oral 5 de la Ciudad es el mismo que en agosto de 2006 juzgó y sentenció al ex policía Julio Simón, alias „El Turco Julián" a 25 años de prisión por delitos de lesa humanidad cometidos durante la última **dictadura**. Fue el primer condenado tras la anulación de las leyes del perdón.

Noticia de martes, 26 de febrero de 2008; http://www.lanacion.com.ar/990644

Klausuren

Im Folgenden werden zwei Klausurvorschläge zu der Thematik des Romans dargestellt.

Klausur 1 ist ein Auszug aus einer Kurzgeschichte, die thematische Elemente aufgreift, die auch im Roman erscheinen. Sie kann im Verlauf des Módulo 3 gestellt werden, da dann das Thema Gefangenschaft und Folter als bekannt vorausgesetzt werden kann. Neu und mit dem Bekannten zu verknüpfen ist das Motiv der Flucht, das aber in der Art der Verwirklichung ein bekannter Topos sein dürfte.

Klausur 2 ist ein Auszug aus einem Sachtext. Sie soll nach der Lektüre des Romans gestellt werden. In ihr werden ebenfalls die Grausamkeiten des Regimes angesprochen, Schwerpunkt ist aber das Schicksal einer Zwangsadoptierten, das etliche Ähnlichkeiten zu dem der Romanprotagonistin Estela aufweist, allerdings ohne mit diesem identisch zu sein. Die Textlänge entspricht der der Klausur eines Leistungskurses. Bei entsprechender Kürzung eignet sich die Thematik aber auch für einen Grundkurs.

Víctor Montoya: Confesiones de un fugitivo (fragmento)

Al día siguiente entraron dos torturadores en mi celda. Me pusieron la capucha, me condujeron por un pasillo, me subieron por unas gradas y me introdujeron en una celda del segundo piso, donde me arrojaron como un costal de papas. Después me quitaron la capucha mirándome con infinito desprecio. Uno de ellos, que lucía un anillo de oro macizo, me dio un revés que me hizo arder la cara.

–¡De aquí no se escapará ni tu sombra, carajo! – dijo frotándose las manos.

Lo miré taciturno y luego miré en derredor, pensando que su amenaza no era suficiente para que dejara de soñar con la libertad.

Los torturadores abandonaron la celda y trancaron la puerta a sus espaldas, dejándome sumido en la oscuridad.

Desde ese día, y por el lapso de varias semanas, planifiqué cómo fugarme de la cárcel, hasta que se me ocurrió la idea de cavar un túnel a través de la pared que daba a un callejón sin salida. Esa misma noche quité los mosaicos y me dediqué a horadar la pared con la ayuda de un clavo que, envuelto en una pequeña bolsa de plástico, escondía detrás del marco de la puerta. Al concluir la faena, tapaba el agujero con los mismos mosaicos, que unía con pasta dentífrica y papel mojado; en tanto los puñados de tierra que extraía del orificio, los echaba en el desagüe que servía de baño; un proceso cuidadoso que empezaba a la media noche y concluía poco antes de que llegara el carcelero a inspeccionar la celda.

Cuando todo estuvo acabado, sólo me quedó aguardar el momento preciso de la fuga. Esperé pacientemente hasta las vísperas de los festejos del año nuevo. Así fue, esa noche, minutos antes del toque de campana que anunciaba el nacimiento de un nuevo año, el carcelero cruzó por la celda, asomó su rostro por la mirilla. Al verme tendido en la cama, la nuca reclinada contra la pared y los brazos sobre el pecho, se retiró haciendo tintinear su llavero contra las hebillas de su cinto.

Apagué la luz de la celda por última vez y me alisté como estaba previsto. Quité los mosaicos de la pared, atravesé el boquete de 30 centímetros de diámetro y me fugué con la agilidad de un gato. Salté hacia el callejón sin salida, trepé hasta el tejado de las viviendas aledañas por una pared de adobes y bajé a un jardín exterior con la ayuda de una sábana retorcida como cuerda. Estando en medio de la calle vacía y fría, apenas iluminada por la luz de la luna, me adosé contra la pared y corrí pensando en que el sueño de la libertad no puede estar encerrado entre los gruesos muros de la cárcel.

(455 palabras)

www.rodelu.net/montoya/montoy02.htm

Actividades

1. Resume el contenido.

2. Analiza cómo describe el texto el tratamiento del yo-narrador por sus torturadores.

3. Compara el destino del yo-narrador con el de Estela.

Erwartungshorizont zu Klausur 1

zu 1: El yo narrador es prisionero en una cárcel del la dictadura militar en Argentina. Después de haber sido trasladado a otra celda, está encerrado en ésta y sueña con escaparse. Aunque sus torturadores le dicen que es imposible escapar, el yo narrador prepara minuciosamente su huida que, con mucho esmero, realiza al final de la escena mediante un clavo y una sábana retorcida. Finalmente se encuentra en una calle y se escapa gozando de su nueva libertad.

zu 2: Los torturadores anónimos desprecian a su víctima (*mirándome con infinito desprecio,* l. 4). Le tratan como si fuera un objeto y no un ser humano, lo que se manifiesta en la expresión *me arrojaron como un costal de papas* (l. 4/5). Se sienten superiores e invencibles. Están convencidos de que el cautivo nunca más obtendrá la libertad, lo que subrayan sus palabras *¡De aquí no se escapará ni tu sombra, carajo!* (l. 9). Debido a la seguridad en sí mismos, no controlan la situación con la atención necesaria y por eso ni siquiera conciben la posibilidad de que el yo pueda huir. Pero esta seguridad abre el camino para el yo narrador, que la toma como un reto; *su amenaza no era suficiente para que dejara de soñar con la libertad* (l. 12/13), comenta el yo. Los torturadores trancan la puerta, pero le dan la espalda al yo, es decir que ya no prestan atención a lo que hace, como si se olvidaran de él, como si ya no existiera para ellos. Él permanece *sumido en la oscuridad* (l. 15/16). Del descuido de sus torturadores se hace uso el yo y cava minuciosamente un túnel para llegar a la calle atravesando una pared. Le es fácil realizar su proyecto, ya que trabaja de noche cuando no hay inspecciones. Al anunciarse el año nuevo, después de esperar que termine el carcelero su inspección superficial, realiza su fuga, lo que le es fácil gracias a la arrogancia de sus guardianes.

zu 3: Ambos son fugitivos. El yo en un sentido literal, Estela en un sentido figurado. Ambos no pierden su fe en una vida mejor y muestran la fuerza necesaria para llevar a cabo sus proyectos. Las últimas palabras del cuento, *el sueño de la libertad no puede estar encerrado entre los gruesos muros de la cárcel* (l. 50–52), pueden aplicarse también a Estela en cuanto a su deseo de reorganizar su vida.
Ambos podían contar con el descuido de sus enfrentados. El yo puede contar con la seguridad de sus torturadores de que nadie puede escaparse de esta cárcel, las investigaciones de Estela pueden realizarse más fácilmente por la seguridad de Armando Lavalle de haber borrado perfectamente sus huellas.
Sin embargo, Estela no podrá separarse totalmente de su pasado, no podrá olvidar los buenos momentos que ha pasado en casa de sus padres adoptivos, lo que sigue como carga en su alma, mientras el yo del cuento se libera de una pesadilla y podrá comenzar una nueva vida, en que el recuerdo de su cautiverio igualará a un triunfo, porque ha vencido a los torturadores.

La historia de Claudia Poblete Hlaczik

[…] Fue la etapa más sangrienta que tuvo la historia argentina, en la que miles de personas, entre ellas estudiantes, trabajadores, sindicalistas, intelectuales y profesionales fueron secuestrados y asesinados. Mu-
5 chos de ellos "desaparecieron".

La "desaparición" consistía en el secuestro de una o más personas por un comando paramilitar llamado también grupo de tareas. Sin ninguna garantía legal, el detenido quedaba bajo el poder de sus captores.
10 Hombres y mujeres eran llevados a centros clandestinos de detención, donde se los sometía a interrogatorios y se los torturaba. Finalmente la mayoría de ellos fue asesinada. Sus cadáveres eran escondidos sin ningún tipo de identificación. […]
15 En algunos casos, los adultos eran secuestrados junto a sus hijos y, en otros, las mujeres detenidas que estaban embarazadas daban a luz a sus hijos en los centros de detención. Algunos de estos niños fueron apropiados por miembros de la represión e inscriptos
20 por ellos como hijos propios, otros fueron vendidos o abandonados en institutos.

Mientras muchos jóvenes y niños desaparecían, sus familiares se agrupaban para buscarlos. Así surgieron organizaciones de derechos humanos, entre ellas la de
25 las Abuelas de Plaza de Mayo, que tuvo y tiene como finalidad localizar y restituir a sus familias biológicas todos los niños secuestrados y desaparecidos o nacidos en cautiverio durante la dictadura militar. […]

Claudia Victoria Poblete nació el 25 de marzo de 1978
30 en el Hospital de Clínicas de la Capital Federal.

Su mamá, Gertrudis Hlaczik, Trudi, estudiaba psicología y trabajaba como voluntaria en el Instituto de Rehabilitación para Lisiados de Barrancas de Belgrano. Allí conoció a José Liborio Poblete, un muchacho
35 chileno que había perdido sus dos piernas en un accidente de trenes mientras residía en su país. Se enamoraron y decidieron tener un hijo. […]

El 28 de noviembre de 1978 un grupo de tareas del Ejército y la Policía secuestraron a José al salir de su
40 trabajo. Esa misma noche, entraron en la casa donde vivía con su familia y se llevaron a Trudi y a su hija Claudia de ocho meses.

Mientras Claudia Victoria Poblete y sus padres eran buscados con desesperación por sus familias, en otro
45 sitio de la misma ciudad, Ceferino y Mercedes Landa recibían a una beba a quien bautizaron como Mercedes Beatriz Landa. Una partida de nacimiento falsa dejaba constancia de que había sido inscripta como nacida el 13 de junio de 1978. […]

Durante su infancia y adolescencia, Mercedes Beatriz 50 residió en el barrio de Belgrano, en la misma ciudad en la que lo habían hecho sus padres biológicos. Se educó en el Colegio de la Misericordia, a pocas cuadras de su nuevo hogar. Más tarde, estudió Ingeniería en Sistemas en la Escuela Superior Técnica, dirigida 55 por militares. Su vida transcurrió en un ambiente cálido y afectuoso, estricto y de respeto.

A los dieciséis años comenzó a preguntarse si era hija del matrimonio Landa o si había sido adoptada. Calculaba las edades de sus padres y se daba cuenta de 60 que no se correspondían con la suya. Eran demasiado mayores para tener una hija tan chica. Además, le transmitían contradicciones. Le ocultaban la verdad sobre su identidad. […] Sin embargo, a pesar de las dudas, durante mucho tiempo Mercedes Beatriz no 65 quiso investigar su pasado. En ese entonces aceptó ingenuamente las explicaciones que le daban. Entre ellas, la de que sólo tenían fotos suyas a partir de los ocho meses porque las anteriores habían sido robadas por una empleada que trabajaba en su casa. 70

Era el año 1999. Mercedes Beatriz tenía veinte años. Una tarde sus padres le entregaron una cédula judicial que había llegado para ella. Se le informaba que debía presentarse en un Juzgado en el marco de una causa relacionada con la expropiación de bebés. Re- 75 cién entonces Ceferino y su esposa le confesaron una parte de su historia. Ella, le dijeron, no era su hija biológica. La habían recibido cuando era una beba, pero aseveraban desconocer sus orígenes. Se disculparon por haberle ocultado la verdad sobre su iden- 80 tidad, pero argumentaron que lo habían hecho para protegerla. […]

Unos meses más tarde, Mercedes Beatriz se cambió el nombre. Se sentía Claudia y anhelaba recuperar su verdadera identidad. Decidió, además, agregarse el 85 apellido materno Hlaczik. De un día a otro, para sus amigos, para sus profesores y compañeros de trabajo ya no fue más Mercedes Beatriz Landa sino Claudia Victoria Poblete Hlaczik. *(731 palabras)*

www.revista-noticias.com.ar/comun/nota.php?art=730&ed=1630

Actividades

1. Resume el contenido del artículo.

2. Analiza la relación entre Mercedes Beatriz y sus padres adoptivos.

3. Comenta la decisión de Mercedes/Claudia de cambiar su identidad.

Erwartungshorizont zu Klausur 2

zu 1: El texto da un ejemplo de los muchos casos de adopciones forzosas que resultaron de las desapariciones de personas como resultado de secuestros y asesinatos. Mercedes Beatriz Landa es la hija adoptada de un matrimonio que contribuye a falsificar sus documentos para que nadie sepa quién es en realidad. Mercedes se ha educado bien, ha cursado estudios superiores y ha vivido en el regazo de una familia de gente de bien. Pero un día llega a saber que es hija de un matrimonio asesinado por la dictadura militar, que ha sido adoptada por su "familia". Bajo la presión de esta realidad, sus padres adoptivos le confiesan parte de la verdad. Como consecuencia, Mercedes quiere recuperar su verdadera identidad y pocos meses después se llama Claudia Victoria Poblete Hlaczik, adoptando el nombre que le ha dado su madre y el apellido de ésta.

zu 2: Ceferino y Mercedes Landa reciben a la bebé de padres secuestrados y asesinados por los militares. Los papeles de la niña se falsifican para impedir su identificación. Los padres adoptivos educan a la niña como si fuera su propia hija. Han hecho todo lo posible por ella. *Su vida transcurrió en un ambiente cálido y afectuoso, estricto y de respeto* (l. 56/57). Por eso, la relación ha sido buena, sin tener en cuenta que desde el comienzo se ha basado en una mentira y que los padres adoptivos tienen, al menos, parte de la culpa de la pérdida de identidad de Claudia. Las primeras dudas de Mercedes Beatriz/Claudia surgen a los 16 años, ya que las edades de sus padres y la suya difieren demasiado. Pero se contenta con aceptar las explicaciones que le dan en casa. Al parecer, tiene mucha confianza en las personas que toma por sus padres y que le han mentido descaradamente durante todos los años. Sólo cuando la chica debe presentarse a las autoridades en un contexto de la expropiación de bebés, le confiesan parte de la verdad. Admiten que no es su hija biológica, pero insisten en que no conocen sus orígenes. Por estas mentiras, la chica se lleva un desengaño y se decide por su verdadera identidad, basada en su origen biológico. Lleva a cabo una ruptura radical con su pasado.

zu 3: La decisión de Claudia es el resultado de una reflexión profunda. Por un lado, queda lo bueno que sus padres adoptivos han hecho por ella, por otro, quedará siempre pendiente la mentira por la cual Claudia no ha podido ser la que es, sin romper con su familia adoptiva para seguir viviendo su propia vida. Esta independización significa para ella un acto de liberación, comparable a la decisión de Estela en la novela. Igual que ésta, Claudia se siente arraigada a sus orígenes biológicos y no quiere basar su porvenir en una mentira. Además parece que ambas chicas se solidarizan con los socialmente oprimidos y que no quieren apoyar su destino en la injusticia y los crímenes de una oligarquía ilegítima y corrupta. Si quedaran en sus familias adoptivas, llegarían a un acuerdo con los asesinos de sus padres biológicos, y corromperían a sí mismas. La separación e independización son al mismo tiempo una consecuencia de la verdad, y la verdad, según las palabras de Ana Cecilia Mariani *nos hace libres* (*La memoria de los seres perdidos*, p. 144).

Anhang

1. Vocabulario alfabético de la novela

a quemarropa – aus kürzester Entfernung

a sopa boba – auf Kosten anderer

a sus anchas – in ihrem Element

AAD – Acción de Ayuda Directa

abanderado (m) – Vorkämpfer

abatimiento (m) – Niedergeschlagenheit

abatir – niederwerfen, umstoßen

abnegado – selbstlos

acatar – beachten; befolgen

acojonar (vulg.) – einschüchtern

afable – umgänglich

agobio (m) – Mühe; Last; Erschöpfung

al albur – aufs Geratewohl

al rojo vivo – rot glühend

aldabonazo (m) – heftiges Türklopfen; fig.: deutlicher Hinweis

almohada (f) – Kissen

alterar – beunruhigen; aufregen

anaquel (m) – Wand-, Regalbrett

andar a la greña – aneinandergeraten

andarse por las ramas – um den heißen Brei herumreden

anodino – nichtssagend

apremiar – (be-)drängen

aprobación (f) – Annahme; Billigung; Zustimmung

arrebato (m) – Anfall; Ekstase; (Gefühls-)Ausbruch

arreciar – hier: intensivieren

arroparse – sich zudecken

aseverar – behaupten

astuto – schlau

atenuante – strafmildernd

atisbar – beobachten

atisbo (m) – Anzeichen; Fünkchen; Strahl

avergonzar – beschämen

botón (m) – (Druck-)Knopf

bufar – schnauben; fauchen

bufido (m) – Schnauben

bula (f) – päpstliche Bulle; hier etwa: befreit sein von etwas

butaca (f) – Sessel

caérsele la baba – ugs.: sehr zufrieden sein

capón (m) – Kopfnuss

capullo (m) – Knospe; auch: Vorhaut

carca – altertümlich

cárdeno – dunkelviolett

cargarse a alguien – etwa: kritisieren; kaputt machen

casco (m) – Helm

cauto – vorsichtig; behutsam

ceñir – hier: anbinden

cerciorarse – sich überzeugen, Gewissheit verschaffen

chispa (f) – Funkeln; Witz; Charme

chisporrotear – funkeln

chorrada (f) – hier ugs.: Unfug

churro (m) – Glück

cincelar – ziselieren

colado – ugs.: verliebt; verknallt

comisura (f) de los labios – Mundwinkel

compartimento (m) – Fach; Abteilung

congénito – angeboren

congestionado – hochrot

conjura (f) – Verschwörung

corroborar – bekräftigen

costar un pastón – ugs.: sehr teuer sein; ein Vermögen kosten cruzado de cables – durchgedreht

dar el callo – schuften

decir con segundas – mit Hintergedanken sagen

delicado – zart; feinfühlig

demoledor – heftig

derretirse – schmelzen

desazón (f) – Unbehagen; Unwohlsein

desconcertar – verblüffen; durcheinanderbringen

descorazonador – entmutigend

desencajado – verzerrt

desgarrador – etwa: herzzerreißend

desgarro (m) – Zerreißen

desgranar – dreschen; loslassen, besonders betont sprechen

deslizado hacia abajo – nach unten geneigt

desmadrado – hemmungslos

desmembrarse – sich auflösen

diligencias (f) realizadas – etwa: unternommene Schritte

diluirse – sich auflösen

disentendido – locker; entspannt

doblar – falten

electrocutar – einen (tödlichen) Stromschlag versetzen

empeñarse en – bestehen auf

en lo más álgido – auf dem Höhepunkt

enarcar las cejas – die Augenbrauen hochziehen

encandilar – blenden

engancharse – sich festhalten; klammern

engarfiado – zu Klauen, Krallen verformt

enjambre (m) – Menge

ensobrar – in einen Umschlag stecken

entereza (f) – Sicherheit; Entschlossenheit

entornar – anlehnen

envararse – hochmütig reagieren

escamoteable – unterschlagbar

escarbar – scharren; herumstochern

escrutador – prüfend; musternd

espeluznante – haarsträubend

espetar – hier etwa: anmeckern

evocación – Erinnerung

excedente (m) – Überschuss

exuberante – üppig

fruncir el ceño – die Stirn runzeln

gafe (m) – Unglücksbringer

goteo (m) – Tropf, Tropfen

grupa (f) – Kruppe (vgl.: Pferderücken)

guaperas (m) – eitler Mensch

guarecerse – sich flüchten; sich schützen

guasón (m) – Spaßvogel

guiñar un ojo a u.p. – jemandem zuzwinkern

hacer girar el tirador – den Türknauf drehen (um die Tür zu öffnen)

hacer mella – ruinieren; zerstören

hacerse añicos – fix und fertig sein

halo (m) – Lichthof, Aura

hemeroteca (f) – Zeitungsarchiv

hosco – mürrisch

hoyuelo (m) – Wangengrübchen

idea (f) preconcebida – Vorurteil

imbuido – durchdrungen

impertérrito – unerschrocken

inalámbrico – schnurlos

increpar – tadeln

ingenuo – naiv

inmediaciones (f) – Umgebung

innato – angeboren

inocentada (f) – Dummheit; Scherz

insólito – ungewöhnlich

lince (m) – Luchs

litigio (m) – Streit

llevar una mala racha – hier etwa: schlecht drauf sein

lóbulo (m) de la oreja – Ohrläppchen

maniatado – an den Händen gefesselt

mariposear – flattern (mariposa (f) – Schmetterling)

mazazo (m) – Schlag

menguar – abnehmen; weniger werden

meter baza – sich einmischen

mirar a alg. de hito en hito – jemanden anstarren

mono – hier: süß

muslo (m) – Oberschenkel

necesitado – bedürftig

no apartarse un ápice – etwa: sich keinen Millimeter trennen

ojos (m) desorbitados – (die) Augen, als ob sie aus dem Kopf fielen

ONG – Organización No Gubernamental

palo – hier etwa: sehr früh

parafernalia (f) – etwa: Aufwand; Bombast

parte (f) álgida – etwa: Blütezeit

posavasos (m) – Untersetzer

pegar – hier: zukleben

pellizcarse – sich kneifen

perentorio – dringlich

pesaroso – traurig

pillar – hier etwa: vorfinden

poner pegas a alguien – jemanden kritisieren

prebenda (f) – Pfründe

precavido – vorsichtig

premeditado – wissentlich

presunto – mutmaßlich; vermeintlich

prodigarse con mimo – liebevoll übertreiben

proferir – von sich geben; äußern

pulular – wimmeln

quedar a salvo de u.c. – sicher bleiben vor etwas

quicio (m) – Türangel

quimera (f) – fixe Idee

ramalazo (m) – Hauen; Stechen

rebasar – überholen

rebatir – bestreiten, zurückweisen

recalcar – betonen

recio – stark

reconvención (f) – Tadel

recriminar – Vorwürfe machen

refunfuñar – murren

reguero (m) – Spur

relevo (m) – Ablösung

rellano (m) – Treppenabsatz; Treppenhaus

remolino (m) – Wirbel

rendija (f) – Spalte; Schlitz

reparar – hier: bemerken

repelente – abweisend

replicar – widersprechen

repulsa (f) – Ablehnung

resbalar – ausrutschen

retina (f) – Netzhaut

retorcidillo – dim. de: retorcido; ≈ kompliziert

revelación (f) – Enthüllung

revestido de – umgeben von

rocambolesco – unglaublich

rollo (m) – ugs.: Getue

santuario (m) – Tempel; Kapelle

sarta (f) de mentiras – (eine) Reihe Lügen

se le antojaba… – es kam ihr vor wie …

ser perceptivo – über ein gutes Wahrnehmungsvermögen verfügen

sima (f) – Erdspalte

sin ambages – ohne Umschweife; direkt

sobre (m) – Briefumschlag

solícito – eifrig

sonrisa (f) pícara – schelmisches Lächeln

surco (m) – Furche; Rille

taladrar – durchbohren; durchdringen

talante (m) – Art; Laune

tamizar – aussieben

tara (f) – Mangel

tarambana (m) – Spinner

tempestuoso – stürmisch

tintineo (m) – Klingeln

tira (f) – Band; Streifen

tiznar – schwärzen

toldo (m) – Sonnendach; Markise

tonel (m) – Fass

trascendencia – Bedeutung; Wichtigkeit

trastocarse en – hier: sich verziehen zu

tropel (m) – Wirrwarr

viso (m) – Schimmer; Anschein

zanjar el tema – das Thema beenden

zarpazo (m) – Prankenhieb

2. Weiterführende Materialien

Roman:

Savarí, Tomás (2006): *Tiempo de lobos*. San José, Ediciones Andrómeda

Filme (DVD):

Puenzo, Luis (1985): *La Historia Oficial*

Bechis, Marco (1999): *Junta – Garage Olimpo*

Sbaraglia, Leonardo (2004): *La Noche de los Lápices*

Cossen, Florian (2010): *Das Lied in mir*

Trapero, Pablo (2015): *El Clan*

Bei YouTube findet man eine Fülle von teilweise dokumentarischen Videos zur Militärdiktatur in Argentinien. Die Eingabe von Schlagwörtern wie *dictadura militar Argentina/desaparecidos* führt zu zahlreichen, teilweise gut verständlichen Ergebnissen. Für den Unterricht ist besonders geeignet das Video "30 años de la dictadura militar argentina", in dem hintereinander Menschen gezeigt werden mit einem Schild in der Hand, auf dem ein Begriff, den die Person am ehesten mit der Militärdiktatur verbindet, steht.: z. B. justicia, represión u. a.
https://www.youtube.com/watch?v=K3Hi3XiJXNQ

3. Bildquellenverzeichnis

|Alamy Stock Photo (RMB), Abingdon/Oxfordshire: Grandi, Diego 52. |Lineair Fotoarchief, Berlin: Giling, Ron 27. |peitschphoto.com - Peitsch, Peter, Hamburg: 13. |Picture-Alliance GmbH, Frankfurt/M.: dpa/Daniel_Luna 3. |Weinstock, Karl-Ernst, Duisburg: 18.